トニ・マウント【著】
Toni Mount
龍 和子【訳】

中世イングランドの日常生活

How to Survive in Medieval England

生活必需品から食事、医療、仕事、治安まで

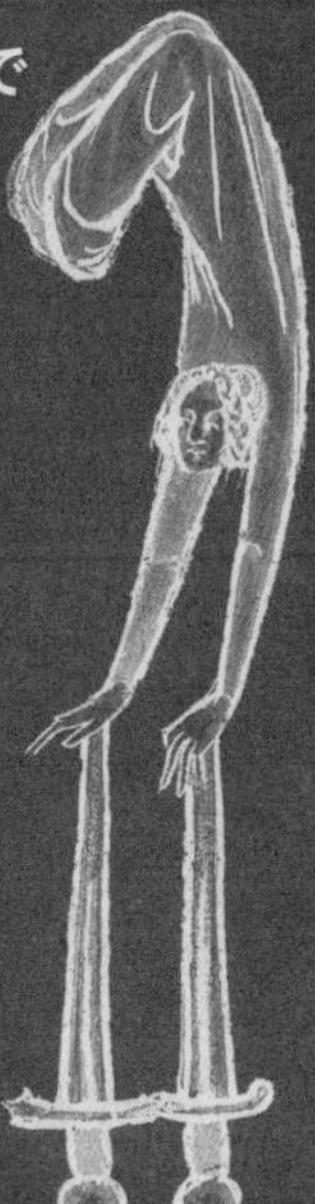

原　書　房

中世イングランドの日常生活

生活必需品から食事、医療、仕事、治安まで

目次

家族の一番若いメンバーであり
タイムトラベラーとなるチャンスが一番高そうな
エリオット・サミュエル・マウントへ

第1章

まずはじめに

私の孫やあるいはその孫の時代には人類はタイムトラベルの技術を手に入れ、ドラマ「ドクター・フー」に登場するTARDIS《ターディス》（次元超越時空移動装置、つまりタイムマシン）が現実のものに、ということになっているかもしれない。22世紀のテクノロジーがどのようなものか、私には到底わからない。ひょっとしたらこの本のようなものは存在せず、「読者」がタイトルを選び、なんらかの方法で――たとえば空気を介して――それに接続すると、全体の内容すべてが頭のなかに移せてあとで折々に確認できる、といった感じになるのかもしれない。私個人としては本のページをめくるほうが好きだが。

将来については謎であるかもしれないが、少なくとも過去の時代についてはわかっていることがある。中世イングランドを訪ねる人がやるべきこと、やってはいけないことの参考になればと、私はこのハンドブックとも言える本を書いた。礼儀正しくあること、生水は飲まないこと、ウサギの毛皮を身に着けること、フォークを使って食事できるなどと思わないこと、などなどだ。ＧＰＳやカーナビや道路標識もないところで道に迷わないためにはどうすればいいか。まともな食事にありつくためにはどこへ行けばいいか。どんな食事が出てきて、どんな味がするのか。王室の人々と出くわしたらどうふるまうべきか。体調が悪いときにはだれに診てもらえばいいのか。どこに滞在すればいいか。夜、街に出て楽しむときの服装は？　情報源になるソーシャルメディアやスカイプ、それにｗｉ－ｆｉもない環境で、友人や親戚と連絡を取るにはどうすればいいのか（調べるために役立つのがこの本だけなんてことにならなければいいが）。それからなにより、クレジットカードやデビットカード、それにＡＴＭや銀行がない社会で、自由に使える金を手に入れるにはどうしたらいいのか。

親戚はいないだろう。現代の親戚はまだ生まれていないから。しかしきっとご先祖様は生きているはずだ。ご先祖様にたどりつけさえすればの話だが。[1]

いろいろと書いたが、それ以外にも数多くの疑問に対する答えがこの本では見つかるだろう。読みやすくわかりやすく書かれたこの本は、中世への旅のよいお供になるはずだ（キンドルでダウンロードしていなければの話だ。その場合は、役に立つのもバッテリーが持続しているあいだだけだ）。

中世イングランドの時代背景

中世イングランドは農業国だ。とはいえ訪問する年や季節によっては社会の様子はかなり異なるだろう。ノルマン人のウィリアム征服王がアングロサクソン最後の王、ハロルド2世をヘイスティングズの戦いで倒したのが1066年。ウィリアムの目に映ったイングランドは豊かな国だった。そしてそれが、ウィリアムがイングランドの王となることを熱心に望んだ大きな理由だ。町と言える規模のものはわずかしかなく多くは村や集落だったが、それぞれに三圃《さんぽ》式農業が確立していて、作物を順次交代させて栽培していた。三圃式農業とは耕作地を3つに分けて行うものだ。ひとつでは、土壌のタイプやその土地の気候によって小麦、大麦、オーツ麦やライ麦といった穀物を栽培する。別の畑には豆科植物を植える。豆類には土壌を肥沃にする働きがあるのだ。そして3つ目の畑は休耕して家畜を放牧し、その糞尿が土壌の肥料となる。毎年3つの畑で栽培作物や休耕を順に交代させて、どの畑も土壌が豊かな状態を保つようにする。そして畑は地条《ちじょう》（ストリップ）という細長い区画に分割し、肥えた土壌とやせた土壌を村人に公平に割り当てる。各戸にはたいてい家庭菜園があって、タマネギやキャベツ、リーキやハーブを育てている。どの村にも共有の土地があり、そこでは村人が放牧し、たいていリンゴ

畑で作業する労働者たち

やナシ、プラム、サクランボの果樹園がある。蜂の巣も置かれていて、蜂が花を受粉させて果樹園に豊かな実りをもたらし、またハチミツも採取できる。貧しい人々にとってはハチミツは唯一の甘味料だ。村にはおそらくは森林地帯も隣接しており、そこには建材や薪にするための木々がある。また秋には木の実や草の実も穫れ、それをエサにブタを「放牧」することもできる。

ウィリアム征服王は戦争に出ていない期間には、気分転換に野生のイノシシやシカ、オオカミを狩って楽しんだ。そしてウィリアムは狩猟を存分に楽しむことができるよう、御料林《ごりょうりん》を「制定」した。ここで気をつけなければならないのが御料林（forest）と森（woodland）の違いだ。御料林とは王の狩猟の場とされた土地であり、その多くは広大だ。荒れ地《ヒースランド》や森、やぶ、空き地もあって、狩猟の獲物となる動物の生息に必要な環境がそろっている。また御料林は、そこに行けば狩猟者が心おきなく獲物を追跡し、仕留めることができるよう環境が維持されている。場合によっては、ウィリアム征服王が御料林のなかにある村々を取り払うよう命じ

「ブタの放牧権」とは、村人たちに自分のブタを森で放し飼いにする権利を公的に与えるものだ。11月の屠畜に備え、森のドングリやブナの実を食べさせてブタを太らせるのだ。

ることもあり、またそれでもその地域に住み続ける人々にはすべて、非常に厳しい「御料林法」が課される。この法は庶民には忌み嫌われている。森に入って自由に薪を集めることもできないし、シカや野ウサギ、野鳥や、ウサギ（ノルマン人がイングランドにもち込んだ）を捕まえることが禁じられていて、タダで食材を手に入れることもできないからだ。御料林に弓矢をもち込むだけで、目つぶしや手の切断、耳を切り落とすといった罰が与えられる。

１２１５年にはマグナ・カルタ（大憲章）が調印されて、イングランドの法の軽視や庶民への圧政を行ったジョン王の権力を制限したが、この大憲章に付随して、とくに御料林に関する憲章が制定された。この憲章は、貴族が王の狩猟場に入ることをある程度認めたものの、庶民にとっては以前とほぼ同じ状況だった。庶民は、森に網を張って日曜の夕食用のモリバトを捕まえただけで不具にされることもあるほどだったのだ。

中世のイングランドでは14世紀に入る頃に人口がピークを迎える。増加した民の食料を確保する必要があり、三圃式農業が二圃《にほ》式となる村もでてくる。耕作地はすべて食料生産のために活用しなければ追いつかず、土地を休ませておく余裕がないのだ。しかしこれはその場しのぎの策でしかない。肥やしを与えなかったり休耕して回復する時間がなかったりすると土壌がどんどんやせてしまい、生産性が低下するからだ。
耕作地を増やすために森は切り払われ、ヒースランドやムーアランドといった荒野までもが耕される。この当時のイングランド、デヴォン州南部の湿原ダートムアがまさにそうだ。しかしこうした土地がそれ以前に耕されていなかったのにはそれなりの理由がある。やせた土壌が農作に適していないのだ。だから大いなる努力と大きな労力が注ぎ込まれても、以前よりも多くの食物を生みだすことについてはほとんどうまくいかない。イングランドの森は大きく面積を減らし、一部ではまったく姿を消して風景は変わり果て、建材や燃料も手に入れるのが難しくなる。

1086年のイングランドの人口はおよそ150万人だった。1300年にはこれがおよそ550万人に増加した一方で、農業生産量は減少しつつあった。

その後、14世紀に入ってからの数十年で気候が変動し、厳しい冬と雨が多い冷夏が続く。作物は育たず、育っても収穫前に畑で腐ることもある。食料不足が数年続くと、栄養失調や飢餓でさえも現実のものとなる。収穫できたごくわずかな穀物を飢えた民衆が食べ尽くし、翌年の春に作付けするために必要な種《たね》はほとんど残らない。悪循環だ。
転機は1348年に訪れる。当時のイングランド最悪の災厄と言える「ペスト」の発生だ。貧しく栄養が不足する人々がこれに罹《かか》るとほぼ命を落とす。13世紀から14世紀前半にかけてのイングランドでは町が形を成しつつあり、そうした町は沿岸部や川の合流地点にある貿易の拠点や、初期の市場を中心に発達している場合が多い。町はごみごみとして不衛生で、病気の蔓延にはうってつけの場所となり、ペスト――黒死病とも呼ばれる――が根をおろし、野火のように広がるのだ。2年も経つとイングランドの人口は半分にまで減少する。そしてペストが根絶されることはなく大流行は再発するため、その後の中世期も長く、減少した人口が元に戻ることはない。ペストが初めて大流行してからほぼ１００年後の１４４０年代でさえも、人口は２００万人にすぎない。

　プランタジネット朝（１１５４年に即位したヘンリー２世にはじまるイングランドの王朝）最後の王、リチャード3世がボズワースの戦いで戦死する１４８５年には、イングランドの風景は森の多くを取り戻しており、減少した人口をまかなうのに十分な食物を生産するだけの農作も行われるようになっている。しかし、耕作地を細長く仕切って村人に公平に与える地条は廃《すた》れつつある。この頃には大きな土地を生垣で囲って耕作用の畑と仕切り、牧草地にしている。ヒツジの飼育が増加の一途をたどり、ヒツジの大群のエサになる広大な牧草地が必要なのだ。羊毛はイングランドの主要な輸出品であり利益を出しているが、その生産に必要な労働力は農作物に比べればごく少ない。羊毛生産へのシフトの主因がペストであるというのも驚きだ。

　１３４８～１３４９年にかけてペストが初めて猛威をふるい大勢の人々が命を落としたあと、貧しい人々は、人手不足に困る領主や職人の親方たちを見て、自分たちが価値ある資源であることに気づいた。彼らは自らの労働に対して高い報酬を要求しはじめた。人口は以前よりも少なくなっているので、肥沃な土地だけを選んで耕しても十分な食料を生産できる。また大勢の人々が命を落としたため、空いた地条を生き残った人々が自分のものにすることもでき、まとめて以前よりも面積が広くなった区画は、耕すのも、種蒔きも草刈りも収穫も以前ほど時間がかからなくなった。住んでいる家の手直しをするために、住民が亡くなり無人になった家から勝手に資材を取ってくる者もいて、生き残った村人はみすぼらしいあばら家からもっといい家に住み替えることも可能になった。そうなると、地主である領主たちは立派になった家に見合う高い家賃を取りたてようとした。

多数の空き家が出て家賃が入らなくなったために領主たちの収入は激減しており、そのうえ労働者たちは以前よりも高い賃金を求めるようになっていた。支配階級である貴族は新しい法律を導入して、下層階級の人々が、神が定めた卑しい身分から抜け出すのを妨げようとした。しかし結局15世紀初めには、たいていの庶民が生まれついての身分を脱していた。

領主たちは失った収入を補塡する方法を見つけた。かつて作物を栽培していた畑を、何千頭というヒツジのための牧草地として囲い込んだのだ。通常は数人のヒツジ飼いがいれば事足り、毛を刈る時期にいくらか人手を必要とするだけなので、支払うべき賃金は減少した。そして羊毛の輸出で得る利益は、賃料による収入減少を補ってあまりあるものだった。16世紀に入って再び人口が増加をはじめるまではすべてがうまくいっていた。その頃になると貪欲な領主たちが土地を牧羊ばかりに使うようになったため、食料生産のための土地が不足するのだ。その結果、下層階級の人々は失業と飢えに見舞われたが、私たちはそこまで心配する必要はない。本書が取り上げるのは1154〜1485年までの時代、プランタジネット朝の王たちが統治したイングランドだからだ。

イングランドの風景の変化はおいておくとして、現代から中世イングランドへと到着したら、移動手段や道路事情についても考慮する必要がある。中世全般において道路事情はよくない。大きな町や市をむすぶ直通の、それも最良のルートでもローマ帝国時代の街道で荒れている場合が多く、敷設されてから1000年前後を経ているものだ。ジェフリー・チョーサーの著書『カンタベリー物語』で巡礼者たちがロンドンからカンタベリーへと歩いたルートの多くは、ローマ帝国時代のウォトリング街道（1世紀半ばから5世紀半ばまで、イングランドがローマ帝国領だった時代にローマ人が建設した4大道のひとつ）をたどるものだった。ロンドンからグレート・ノース・ロード沿いにあるリンカンを経由してヨークへと向かうつもりなら、アーミン街道（これもローマ人が建設した4大道のひとつ）を行軍したローマ帝国の軍団とほぼ同じルートを利用することになる。この道は穴やくぼみがあったりところどころ陥没していたり、あるいはぬかるみになっていたりするが、人も荷車も馬も通行量はとても多いので、道に迷うことはないはずだ。しかし標識やわかりやすい地図は置かれていないので、あまり知られていない村に行くような場合は、案内してもらったり道を尋ねたりすることも必要になる。しかし気をつけること。地元の人々はよそ者を信用しないことが多く、正しい情報を教えてはくれない可能性もある。

どこへ旅するにしても――チョーサーの巡礼者たちもそうだったように――道連れがいるのが一番安心だ。山賊や泥棒、ごろつきに襲われる危険が常にあるからだ。道の両側は数百メートルにわたって木々ややぶを切り払っておくべしと法律で定められており、これは悪人が不用心な旅人を待ち伏せして不意打ちすることができないようにするためのものだ。しかしその作業には多大な時間と労力を必要とするため、この法律が守られていることはめったにない。旅をする際には、太くしっかりとした杖が欲しくなることもあるだろう。これがあれば歩くのが楽になるだけでなく、緊急時にも役に立つ。たとえばこの杖を使って水たまりを飛び越えられるし、小川を渡るときにはこれで深さを測ることができる。また不運にも追いはぎにあったときには武器にもなる。

1日の終わりには、食事を摂り眠る場が欲しくなるものだ。修道

財布はいつも服の下にしまって見えないようにしておくこと。中世の泥棒が「巾着切り」と言われているのにはそれなりの理由がある。けれども少なくともスリ（pickpocket）はいない。その当時にはまだポケット（pocket）が発明されていないからだ。

院や小修道院があれば、修道士や修道女が一夜のベッドと食事《ボード》を提供してくれることになっている（ボード［board］とは、架台にかけてテーブルとして使用する板［board］を意味し、つまりは食事を出してもらうということだ）。原則としてそこでの宿泊は無料だが、実際には、その修道院や小修道院のための寄付や心づけを出すことになる。とくに帰路でもそこに泊めてもらうつもりなら、そうしたほうがよい。金《かね》を置いていったかどうか、修道士や修道女たちはしつこく覚えているものだ。手持ちの金が少なければ、心づけの代わりに日常の仕事を引き受けることもある。牛小屋の掃除や牧草地で干し草用の草刈りをする、それに洗濯の手伝いなどだ。本当に無料で宿泊を提供してもらえるのは、司祭や托鉢《たくはつ》修道士、巡回説教者など神とともにある仕事をする者、あるいは一般人なら巡礼中の人のみなのだ。

それから忠告しておくべきことがある。宿泊施設では、まったく知らない相手（それも、ひとりではなくふたりの場合も）とひとつのベッドを共有しなければならないかもしれない。それからノミやトコジラミ、シラミその他もいるはずだ。食事も口に合わないかもしれない。街道沿いのそれなりの宿に泊まるにしてもそれは同じだ。だから助言しておくが、ラベンダー水を携行して防虫剤にするとよい。中世の人々は知らないが、私たちはノミがペストを媒介することを知っている。だから私が思うにこの時代に防虫剤は必須で、これが命を守ってくれるだろう。

害虫のことは気にならなくとも、中世の人々も出てくる食事については気にかかる。だから、携帯用の小瓶をもって行くのが当たり前とされている。これは「ビネグレット」と呼ばれる容器で、ビネガーやマスタードシードや塩、数種のハーブ、ニンニクやコショウやオリーブ・オイル（こうしたぜいたく品を手に入れる余裕があればだが）など、好みの調味料を混ぜて入れておくものだ。

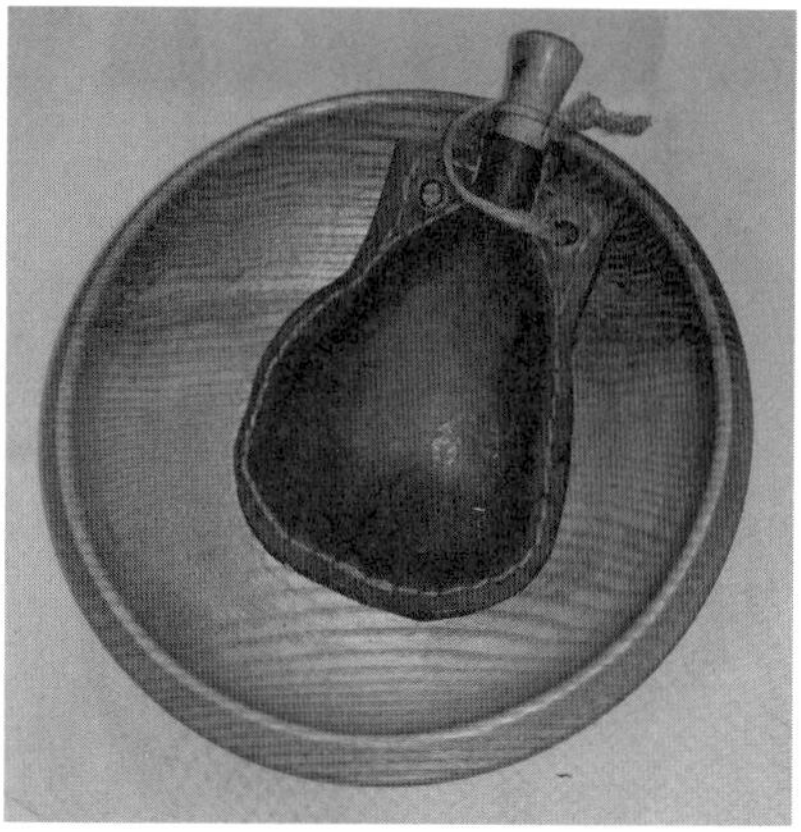

自分の好みの調味料を入れるビネグレット容器

つまりは、混合調味料を使って出された食べ物の風味をよくする――あるいはごまかす――のだ。ビネガーやニンニク、それにセージなどのハーブ類には防腐剤や抗生剤としての性質があるため、ビネグレットは、衛生面で不十分な食べ物についたバクテリアとも闘ってくれるというわけだ。この時代にはバクテリアに関する知識などだれももってはいないが、一部の食材に実際に薬効成分があることはみなちゃんと理解している。

旅の準備

タイムトラベルの冒険に出発する前に、病気に罹っていないか、歯に異常はないか十分なチェックを行っておくことをお勧めする。破傷風《はしょうふう》や三種混合（はしか、流行性耳下腺炎、風疹）やその他数種のワクチン接種を済ませ、抗マラリア剤も携行しよう。第三世界（アジア、ラテンアメリカ、アフリカなどの開発途上国）に行く前の準備と同じだ。中世イングランドは第三世界と同様の状況だ。医療に関しては呪術による治療と似たり寄ったりで、敗血症は珍しくなく、だから中世での歯や口腔の治療はなにがあっても避けたいところだ。これは真面目な話だ。

まず健康であることが一番だ。領主であれ労働者であれ、日々の単調な仕事をこなすだけでも重労働だ。それからダイエットを計画中なら、そんなことは忘れよう。1月の石造りの城は冷たい風が吹き抜け、藁葺き屋根の掘っ建て小屋は3月でも寒い。そんな環境では、とにかく仕事をして体が冷えないように努めるだけで1日の消費カロリーは4000〜5000キロカロリーにも達するだろう。だったら出かけるのは夏にすればいいだろうって？　たしかに冬よりは暖かいだろう。だがエアコンやSPF30の日焼け止めや冷蔵庫で冷やした飲み物はないし、ノミやトコジラミ、シラミにダニはそこら中にわんさかといる。それにマラリアを媒介する蚊もブンブン飛んでいる。

それから汚いものにも慣れたほうがよい。「衛生」という概念などない。生活は不潔なものだらけだ。トイレの施設は最小限で共同、それにとても臭う。中世に暮らしている人々も最善は尽くしているけれども——あとで説明するが——いい匂いがするとは言えない。けれど中世で暮らしはじめたらそのうち、自分もほかの人たちと同じような臭いを放つようになって、くささはたいして気にならなくなるだろう。臭いがもっとも充満するのが日曜日の教会礼拝に人々が集まるときだ。礼拝に行くのは義務なので、罰を受けて教会の庭で下着姿でむち打ちされたくなければ、この臭いをかぐことになるだろう。だれもが教会に出かける。そしてみなが日曜日の晴れ着を身に着ける。それは神を称えてのものであり、またそこには隣人たちとの見栄の張り合いでできれば勝ちたいという気もちもある。

日曜日以外の日は、こうしたとても高価な晴れ着は、蛾に目をつけられないと信じられている場所、つまり「トイレ」に吊るしておく。中世の水洗ではないトイレは悪臭を放つため蛾が寄りつかないと考えられていて、だからそこなら服に蛾がつくこともないのだ。現代では衣装戸棚やタンスを意味する「ガードローブ（garderobe）」や「ワード

店に入ったら頼むのは「ビル（bill）」だ。これは「献立表（メニュー）」のことで、とはいえたいして選択肢はない。請求書（bill）が欲しいときには「お勘定（reckoning）」と言おう。

ローブ（wardrobe）」は、中世では屋内トイレを意味する言葉だが、そこはつまりは衣類（robe）を守り（guard）害虫などを避ける（ward）場なのだ。服がくさいのも当然だ。教会が、信徒が集う場で熱心に香を焚いて芳香を漂わせるのはこれが理由なのだろうか？ 香りのよい聖なる煙は祈りの言葉を神のもとへと昇らせると考えられているが、そのおかげで司祭が悪臭を気にならなくなるなら、いっそう好都合というものだ。聖職者の臭いもほかの人々とたいして変わらないが、だが香りのよい香を使ってよいのは聖職者だけとされていることには気をつけよう。教会に出かけたあとは、1週間で一番のごちそうにありつける。

現代の生活でフードマイル（産地から消費地までの距離）のことを気にかけているとしたら、その点については心配ない。中世イングランドでは、日常口にするものはほぼみな、10キロ四方程度の地域で生産されている。地元の産物がすべてなのだ。E番号（欧州連合内で用いられる、食品添加物に付与される分類番号）の添加物や、除草剤や殺虫剤、殺菌剤といった化学物質の残留物もないし、商業的に生産された化学肥料もなく、あるのは天然の有機肥料だけだ。だが、だからといって万事OKというわけではない。こうした添加物や化学物質がまったくないために、果物や野菜は胴枯病やカビ、うどん粉病に罹ったり、その他あらゆる害虫の被害を受けたりする。また人間の排泄物を畑の肥やしに使用している場合は、そこで穢れた野菜をきちんと洗っていないと、サナダムシや回虫《かいちゅう》など腸内にいる寄生虫が付着したままになっていることもある。小麦や大麦、オーツ麦の収穫量は少ない。育種技術の導入による穀物増産はまだ先のことだからだ。ヒツジやブタ、ヤギや鶏、牛が小型でやせているのも同じ理由だ。だが馬は別だ。おもに修道院が運営する種馬飼育場があり、ここで育てている馬には、足が速いタイプの大きく頑丈なデストリア（軍馬）やコーサー（狩猟にも使われる軍馬）、快適に乗馬できるタイプのポルフリー（乗用馬）や、使役馬もいる。つまり人間が操作して異なるタイプの動物を生み出すという考えが一般的になりつつあるのだ。

それから日曜の夕食にやわらかい子ヒツジの肉や丸々とした鶏が出てくるといった期待はしないこと。子ヒツジが成長したら何年かは羊毛が採れて利益が出る。子ヒツジを屠《ほふ》るのは貴重な資源の無駄づかいだ。だがヒツジが年をとって毛が抜け飼育する意味がなくなったり、寿命や事故で死んだりした場合は、その肉を食べることになる。そうしたヒツジの肉は硬くて筋張っていて、何時間も煮込むことが必要だ。鶏にも同じことが言える。めんどりは何年も卵を産んでからようやく料理に使われる。牛もそうだ。牝牛には乳を出すというとても大事な仕事があり、去勢牛は荷を引くのに使われる。例外がブタだ。ブタは毛を採ることもなければ、私が知るかぎりブタの乳をしぼるという話も聞いたことがないので、ブタの飼育は食料とすることが目的だ。ブタの肉はあぶり焼きや燻製や、酢漬けや塩漬けにもでき、どの家でも飼っているはずだ。春に子ブタを手に入れたら、野菜クズを食べさせたり放し飼いにしたりして育て、11月になったら、冬のあいだ家族を養っていくために屠り、保存肉にして食べるか、売って金に換え、その金で他の食品や寒い冬の必需品を買うのだ。乳のみ子ブタ（生後それほど経っておらず、まだ母ブタの乳を飲んでいる子ブタ）はごちそうでたいていは串焼きにされるが、領主とでも付き合いがないかぎり、それが貧しい庶民の食卓に上ることはないだろう。

野菜嫌いの人は、裕福な家庭の一員になる方がよい。そこなら野菜が嫌いだと言っても叱られない。貧しい人々の食卓にはキャベツ（ウォート、カボッシュ、ポットハーブともいう）がつきものだが、金持ちの人々はそうした野菜は農民の食べ物だとさげすんでいる。さらには、食事時には毎回、甘いお菓子とおいしい料理がついてくる。クリームやカスタードを使った中世版レモンメレンゲパイやチェリータルト、サルタナレーズン入りクリスマスプディング以外には見向きもしなければ、本当に舌が肥えた人だと言ってもらえるだろう。上流家庭の母親は子どもに「野菜を食べなさい」とは言わないのだ。

しかし、中世のメニューにジャガイモはない。マッシュポテトもローストポテトもポテトチップスもだ。それからあなたが魚好きであればいいが。魚は少なくとも週に2回は食べなければならないし、また四旬節《しじゅんせつ》——復活祭までの40日間——のあいだは毎日食べなければならない。ベジタリアンやヴィーガンであれば別だが。またヴィーガンであれば、魚だけではなく牛乳やチーズ、卵やバターも口にしてはならない。

働くことは義務

中世の人々は、働くことは神が与えた義務だと考えている。他の人々を監督したり世話したりする仕事であれ、畑を耕したり職人として働くのであれ、みなそうだ。働かなくてもよいのはごく小さな子どもたちか、障害が重かったり寝たきりだったりする人々だけだ。職に就いていない人々が同情を寄せられることはほとんどなく、物乞いをするにも、なんらかの慈善を施されるに「ふさわしい」と認められなければならない。だから、腕まくりして食い扶持を稼ぐ覚悟をしておかなければならない。

中世初期には、人には3つの「身分」しかないと考えられていた。どれもが神がお定めになったもので、どの身分に生まれついてもそこに一生とどまるのだ。そうでなければ、神の御意志を無視して魂を危険にさらすことになった。戦う者は裕福な階級であり、その階級に生まれついたらほかの人々を守る義務を負う。貧しい農奴の身分ならば、畑で働いて富裕層のテーブルに出す食料を生産し、収穫が十分にある場合は自分たちに必要なだけの食料を残せる。第3の身分は聖職者だ。少なくとも理論上は、1215年以降、生まれつきこの階級だという者はいなかった。聖職者たちは結婚を禁じられていたからだ。だから戦う階級の人々が、長子以外の息子たちを司教や修道院長として聖職者にする場合があった。また貧しい労働者にとっては、息子を司祭に、娘を修道女にすることは、子どもたちが最下層の生活から抜け出す唯一の方法だった。どちらにしても、それは神の御意志でなくてはならず、それは中世の生活のあらゆるものについてもそうだった。

しかし、新しい階級も生まれつつある。職業的戦士でもなければ司祭でもないし、農作業をおもな職業とするわけでもない。それは職人と商人であり、町が大きくなると、こうした人々が集まってきて地域社会にさまざまなものを供給するようになるのだ。

カップや皿や保存容器は陶器職人が、道具や武器や蹄鉄《ていてつ》は鍛冶屋、織物や衣類は紡ぎ手や織り手がというように、職人たちは生活必需品を提供してきた。しかし13世紀になる頃の町には、現代に名を知られているよりももっと多様な手工業があって、その多くは、こうした基本的な分野から、細かい技術に特化した専門家が育ったものだった。細分化した例としてまず鍛冶屋や金属細工師を見てみよう。この分野には金細工師、銀細工師、銅細工師、硬貨鋳造職人、矢じり職人、刀剣鍛冶、剣鍛冶、刃物師、白目（ピューター。錫を主成分とする合金）製器具職人、武具師、鎖帷子《くさりかたびら》職人、馬用ハーネスの装飾品を作る職人、動物の蹄鉄を打つ装蹄師、また鉛を扱う配管工さえもいる。織り手の仕事からは、縮絨《しゅくじゅう》工（毛織物の仕上げ段階で、組織を緻密にし、毛先を絡めてフェルト状にする）や染色師、仕立て屋や生地屋、刺繍職人や雑貨小間物商、シルク・ウーマン（絹加工業で働く女性の熟練工員）、手袋職人、皮なめし職人、白い革に仕上げる白なめし職人、毛皮商、毛皮加工者、帽子職人、財布職人、靴職人、それから古着の補正や補修をしたり売ったりする古着屋が生まれている。だから、もしあなたに手職があれば、おそらくはこうした職業のどれかに就けるだろう。とはいえ自分で事業をはじめようとする職人に立ちはだかるのがギルドで、これについては後述する。

この多様な「中流階級」にはもっと専門的な能力をもつものもある。弁護士や内科医、あるいは実業の素質があれば商人となることも可能だ。商人はうまくやれば金を生む仕事だが、こうした仕事に就けるのは「男だけ」である場合がほとんどだ。雇用市場に賃金面の平等というものは存在せず、どの仕事も、女性の賃金は男性よりもはるかに低い。しかしだからといって落胆する必要はない。私自身は中世の記録で女性弁護士を見つけたことはないが、これから見ていくように、医療のさまざまな分野で開業している女性は少数だがいるし、自身で事業を運営してうまくやっている女性は多数いる。現代の知識をもってすれば有利に仕事ができる職業もあるだろうが、ひとつだけ、現代人が決定的に不利なのは、古い規

3つの身分。「祈る者」、「戦う者」、「働く者」

格の度量衡や十進法移行以前の貨幣制度にうとい点だ。ポンド、シリング、ペンスというお金の単位、エル、ヤード、フィート、インチといった長さの単位、それにストーン、ポンド、オンスといった重さの単位について特訓コースで学習してからタイムトラベルの冒険に出かけることをお勧めする。そうしないと、中世での生活は困難で、また高くつくことになるはずだ。

達筆であれば書記官としての仕事にありつくかもしれないが、これまたいくつか変わった形の文字や不思議な大文字、奇妙な略語を覚える必要があるだろう。しかし、文字を書くのがたいして上手でなくとも心配無用だ。統一した綴りなどないも同然なのだ。それから女性が秀でている分野もある。製本の仕事だ。

となると、歴史をさかのぼる旅でどんな経験ができるのかある程度わかるだろう。私の話にやる気をくじかれず、まだこの旅に出かけてご先祖様を訪ねる気があるなら、この中世の旅の危険についての詳細や避けるべきこと、地元住民のひとりとなって社会に溶け込むにはどうしたらよいかを見ていこう。現代人からすれば少々おかしい法律があってもそれに従わなければならないし、言語はチョーサーの時代の中英語で発音も大きく異なり、現代英語に慣れた耳にはほぼ外国語に聞こえる。それに言葉の意味をわかったつもりでいても、それは思っているものとは違うかもしれない。中世イングランドで生き残るために必要なことを私が解説していくうちに、みなさんの疑問が解消することを願う。きっとこの旅を楽しめるはずだ。

第2章

社会構造と住宅事情

中世社会の身分――貧困層の暮らしぶり

序文で述べたように、中世初期の社会には3つの身分があった。「戦う人々、祈る人々、土地を耕し働く人々」と表現された階級だ。そして大半を占めていたのが「土地を耕す人々」だ。中世後半になると貿易商や職人、商人といった事業意欲に満ちた「中産」階級が登場し、全能の神による最善で完璧な計画とみなされていた、3つに厳格に分類された身分の区分はあいまいになる。となると、中世に旅したときに、あなたにぴったりの階級はどれだろうか？

一番身分が低い農奴になるとしよう。これは農民とは異なる。イングランドにはそもそも農民（peasant）という言葉がなかった。「peasant」のもととなった「paysan」とは、フランス語で

「田舎の住民」を意味する言葉だ。イングランド人は「peasant」という言葉を敵国フランスの最貧の人々を表現するのに用い、侮辱の意味をもたせた。１３８１年にイングランドで勃発したいわゆる「農民反乱（Peasants' Revolt）」（日本では「ワット・タイラーの乱」と言われることが多い）でさえ、後世につけられた名称なのだ。反乱が起きた当時には、「Revolt of the Commons」つまりは「庶民の反乱」として知られている。また「農奴」という言葉さえ、14世紀まではほとんど使われていないのだ。

農奴となるなら大いに同情せずにはいられない。その生活は厳しく、おそらく長生きはできないし、身分制度においては自分よりも低い階級に属する人はほぼいない。それから、常に帽子の類をかぶっていなければならない。だれかと会うたびにしょっちゅう帽子をとって視線を下に向け、ひざを少し折ってあいさつしなければならないからだ。なにしろ、自分よりも目下の人などめったにいないのだ。男女ともに服装を見れば身分がわかる。農奴が身に着けているのは、手織りの粗く質素な布で作った、くすんで色がよくわからない形崩れした服だ。その一方で身分が上の人々――ほぼすべての人と言える――はもっと色鮮やかな服を身にまとっている。使っている染料も高価でもちろん布の質も高い。そして裕福になるほどたっぷりと布を使い、服は丈も長く色鮮やかだ。しかし気をつけなければならないこともある。国王ヘンリー2世は「短

隷農が亡くなると、相続人が領主に「借地相続税」を納めなければならない。領主に一番いい家畜を差し出し、そして土地を相続することを認められた。

いマント」というニックネームで呼ばれた。急いでいるときに足にまとわりつかないように、短いマントをつけるのを好んだのだ。だから、衣服の長さがその人物の階級を正確に意味しているわけでもない。農奴であれば、出会う人すべてに帽子をとったほうがよい。服の丈はどうあれ、その相手がたまたま王様だという場合もある。

この最下層の身分にさえもヒエラルキーはある。農奴は奴隷よりもいくらかましだ。農奴には自分の住む粗末な小屋がありはするが、「自分のもの」ではなく、それは荘園領主の所有物だ。農奴は領主の畑で働き家畜の世話をする。領主の許可がなければ結婚も、その土地を離れることもできない。その代わり、戦争になったら領主が農奴を守るし、その農奴が栽培した食物のなかから、農奴とその家族が生活するに十分なだけのものを分けてもらえる。[1]

農奴の上には隷農がいる。農奴よりも自由度は高いが、それでも領主の所有物であり、地代を払い荘園に縛りつけられている。農奴よりはましな家（コテージ）に住み、たいていは小さな畑がついていて、そこで野菜やハーブを育て、鶏やブタ、それから乳をしぼるためにヤギを飼っている。隷農は地条を借り、その地代は、領主の地条で作業し、領主の求めに応じて労働に従事するという形で支払う。こうした労働は週に1日か2日程度のものだが、収穫期やヒツジの分娩や毛刈りの時期、それから畑をすいたり種蒔きしたりする時期には余分な作業を言いつけられる（収穫期であることは自身の畑も同じなので、領主のために働けば自分の作物に手がまわらなくなる）。「地代」の規定にはほかの義務もある。たとえば領主の荘園で収穫した農作物の余剰分を市場にもっていくこと、クリスマスのディナーには2羽の鶏を、復活祭には１ダースの卵を領主に差し出すことなどだ。しかし、隷農自身の家で穫れた余剰分のタマネギ、キャベツや卵、バターやチーズを市場で売った金や、おそらくは荘園の畑の耕作も週に3日以上になると地代契約に含まれてはいないので、小銭稼ぎにはなった。農奴にはない権利だ。

　仲間の全員から敬意を払われる隷農は「隷農監督官（reeve［リーブ］）」に選ばれる。これは市長の前身とも言える役割だ。大半の村には隷農監督官がいて、荘園裁判所で庶民の代理人となった。ここでは法律や所有権、借用契約の違反が扱われる。たとえば殺人や誘拐といったもっと深刻な問題になると州レベルの上級裁判所で「州奉行《シャイアリーブ》（Shire-reeve）」または「シェリフ（Sheriff）」が裁き、最終的には王座裁判所へともち込まれる。姦通や近親相姦、日曜の礼拝での罵倒行為や礼拝欠席などは教会裁判所で審理が行われた。

　これが封建制として知られた制度であり、１０６６年、ウィリアム征服王がイングランドのアングロサクソン最後の王のハロルド・ゴドウィンソンを倒したときに、ノルマン人によって導入されたものだ。この制度は抑圧的ではあるものの、十分に機能した。しかしそれも１３４８年にペストが蔓延するまでのことで、その後は、生き残ったわずかな農奴や隷農が労働のすべてを担わなければならず、また領主は労働者だけでなく、彼らが支払う地代までも失うことになった。生き残った者の多くは領主の許可もなく、もっと地代が安くて高い賃金を稼げる場所を求めて家を離れる。こうした隷農は原則として法を犯す行動をとっているのであり、このとき「隷農（villein）」という言葉が「悪者、悪党（villain）」つまりは犯罪者を意味するようになるのだ。しかし14世紀後半にはこうした隷農があまりに多く、法を犯した隷農すべてを制度で罰することはできず、封建制は過去のものとなってしまう。15世紀には農奴はもはや存在しない。また隷農のほとんどは地代を金で支払いその労働によって賃金を稼いでおり、借地農（tenant）と言われている。経済的余裕のある借地農になると、命を落とした者や仕事を求めて村から町へと出ていった者が残したこま切れの土地を買い集める。こうした農民は財を蓄えてヨーマン（独立自営農民）となり、そのなかでも豊かな層がジェントリ（貴族の下、農民の上に位置する中産階級）となって、また結婚によってさらに上流階級の身分となることもあり、本来の階級区分のあいまい化は進むのだ。

底辺層の人々は、領主が非常に寛大でないかぎり、ひと部屋しかない粗末な小屋に住む。壁は枝編み細工に粘土か泥を塗った荒打ち漆喰《しっくい》で、これは古い時代の建て方だ。枝編み細工とは小枝を編んで作る枠で、柳かハシバミを使うことがほとんどだ。これを木枠に固定する。そしてそれを漆喰で覆う。漆喰とは言っても、泥や動物の糞や藁を混ぜたもので、それをすき間なく塗って表面をなめらかにならす。乾くとこの壁は石膏のように硬くなり、雨風にあたっても

ムギセンノウ。この草は有毒なので、トウモロコシ畑に生えていたら必ず刈り取ること。

割れたりくずれたりしない。この上に石灰塗料を塗る場合もあり、そうすると壁が白くなるだけでなくカビが生えづらくなり、また害虫がつくのもある程度防げる。とはいえ、たいていは年に一度の塗り直しが必要となるだろう。窓は壁の枝編み細工に穴を開けただけのもので、暖気を逃したり雨風が入ってきたりしないように、小さくて数も少ない。夜間や悪天時には木の扉でこの開口部を覆うので、小屋は真っ暗になる。窓ガラスは教会に使うもので、14世紀以前には、裕福な家でもガラスが入った窓はほとんど見られない。

この粗末な小屋では中央の炉で火を焚き、それで部屋を暖め料理もする。煙突はなく、煙は窓や入口や屋根のすき間から出ていく。屋根は、葦《あし》が取れる地域であれば葦で葺き、そうでなければ、芝や草を土壌ごとそぎとったもので覆っている。夜間と寒い季節には飼っている家畜も小屋に入れて一緒に過ごす。臭いはするだろうが、それは自分にしても同じだ。床の糞尿を我慢しさえすれば、家畜がいる分家は暖かくなる。

寝床はごく簡単なものだ。藁を詰めた袋——パリアス（藁布団）——を床においてマットレスにして、毛布をかける。地元でシダが育つなら、シダを詰めてもよい。ノミやシラミのような虫はシダにはあまり寄ってこない。干し草はやわらかいけれど寝床の材料とはしない。冬には動物のエサにするからだ。シーツと枕を使うのは裕福な人々だけだ。

住環境と同じく、食料は十分でなく質素だ。穀物を挽いた粉と水だけで作るパンは、おそらくは膨らまない。またその粉は、領主の畑で育てた穀物を挽いて作らなければならない。それも、重労働の見返りに領主から分けてもらうものだ。妻や子どもたちは麦を刈り取ったあとの畑に入って「落穂」拾いをすることを許され、自分たちの食用にするため、小麦や大麦、ライ麦の落穂や、オーツ麦の粒を拾い集める。これは聖書の時代からある作業だ。

落穂拾いをして作った粉には数種類の穀物が混ざっていて、畑に生えている雑草の種も紛れ込んでいる場合が多い。こうした雑草はたいていは無害ではあるが、領主に命じられたら、夏の草取りはしっかりとやっておいたほうがよい。

ムギセンノウは小さくかわいらしい薄紫の花をつけるが、この草はしっかりと刈っておくこと。この草の種は有害で、胃もたれや吐き気を引き起こす。

穀物を挽いて粉にするときの決まりは領主によって異なる。農民が、上下一対の石を組み合わせた石臼を使って自分で挽くことを認めている領主もいる。これは重労働でたいていは女性が受けもち、床にひざをついて行う。子どもの頃から何年もこの作業をしている女性はかかとに特有の骨の突起ができることがあり、考古学者は、骨格の一部しか残っていない場合の性別判断に、かかとの骨を見ることがある。現代人のあなたは、粉挽きは自分にはちょっと無理かなと思うかもしれないし、それに領主が自分の粉挽き場をもっていれば、粉挽きが許されるのはそこだけという可能性もある（14世紀にオランダから風車が導入され、その後水車を動力とする粉挽き場がおよそ1300箇所できた）。ハートフォードシャーのセント・オールバンズの修道院長はこの点についてとても厳格で、自分の土地の農民の石臼をみな没収し、その石を修道院の庭に敷いた。そのため農民たちは粉挽き場へ行くしかなかった。自分の穀物を自家用に挽いてもらったら、粉挽き人が代金分の粉を取り、また領主の取り分もある。穀類の収穫高がわずかで、それがなければ生きるためのパンを作れない時代のことだ。貧しい人々が自分で粉を挽きたがる理由がわかるというものだ。ちなみにセント・オールバンズの修道院長は、1381年のいわゆる農民反乱（ワット・タイラーの乱）の際に仕返しされている。貧しい人々は修道院の庭を掘り起こし、石臼を取り戻すのだ。

粉と水を混ぜてできるのは平焼きのパンで、小屋の炉で熱した石の上で焼く。穀類のほか、「賃金」として受け取るものには乾燥エンドウ豆やその他の豆類もある。こうした豆は鍋で煮て「ポタージュ」にする。煮詰めれば煮詰めるほどおいしい。なんでもよいので、領主の畑から採ることを許された野菜や、生垣に生えている野草もポタージュにくわえると風味が増す。ノラニンジン（セリ科の植物）も使えるが、植物に関するしっかりとした知識が必要だ。ノラニンジンは外見がエナントサフラン（セロリに似た葉をもつセリ科の植物）やその仲間にそっくりで、こうした草は強い毒をもつのだ。またイラクサというとまずそうに聞こえるかもしれないが、頂上部の若葉はホウレンソウのような味がして、ポタージュにくわえるとおいしくなる。

　エールはとても滋養があって健康的な飲み物で、パンとポタージュに合わせるとよい。水は動物の排泄物に汚染されていたり、目には見えない虫が入っていたり、あるいはなんらかの病原体を含んでいたりする。飲む場合には沸騰させたほうが安全だ。また当時はそうした知識があってのことではないのだが、エールの醸造には麦汁（麦芽を粉砕して湯をくわえ加熱したもの。アルコール生成に必要な糖を含む液体）を煮沸する工程が必要で、そのためエールは「なぜかはわからないが」安全な飲み物なのである。アルコール度数の低い飲み物なら子どもでさえも飲む。しかし、大麦麦芽を醸造してエールにするには日数を要し、また桶やろ過器といった高価な装備も必要で簡単な仕事ではない。こうした問題を解消するために、装備は個々の家ではなく村の所有物にして週ごとにそれを各戸にまわし、みなが順番にエールを醸造できるようにしている。1回分の醸造が終わってエールができると、緑の葉がついた小枝や小枝の束をドアの上にかける。すると村人たちがジョッキをもって飲みにくる。できたてのエールをおいしく飲めるのは1週間くらいで、それ以降は酸っぱくなる。その頃には別の家のエールが完成し、またみなで分けあうのである。

こうした習慣から村の居酒屋も誕生する。村を通る旅人たちもエールを飲むことができるが、それには金を払わなければならない。旅人にエールを提供することで自家用の醸造設備や大量の大麦を買う蓄えができる場合もあり、そうした家が年中酒を出す居酒屋になっていくのだ。しかしエールの醸造は、それが自家用であれ商業用であれ、毎回、地元のエール検査官による試飲を行うことが条件だ。これは法で求められているものであり、検査官――これは常に男性だが、醸造を行う女性はいて「ブリュースター」と呼ばれる――はエールの試飲をしておいしいかどうか、水で薄めてはいないかを確認するだけでなく、計量カップを調べて客が騙されてはいないかも見る。エールに関する規則を定めた全国共通のエール条例があるのだ。

隷農は自分の家(コテージ)をもっている。農奴の粗末な小屋と建材は同じ場合が多いが、隷農の家にはたいていは部屋がふたつある。ひとつは家畜用、もうひとつが人が住む場だ。人が使う部分には、寝室用の中2階のような部屋がありはしごでのぼる。窓は農奴の小屋より少々大きく、オイルを塗った半透明の羊皮紙を覆いにするか、動物の角を薄く削ってシート状にしたものを貼っていることもある。どちらも陽光を通し雨風は防ぐが、窓からの眺めを楽しむというわけにはいかない。調理器具は農奴が使うものとたいして違わない。とはいえカップやボウル、皿やスプーンの種類や数は多く、どれもが木製や安い陶器だ。鶏の羽毛はとっておき、火で「あぶって」寄生虫を除去して枕に詰めることもある。また農奴のものよりも少々ましな

◉正直者のブリュースター（女性醸造家）の奇跡

かつて、エールワイフ、つまりはエールの醸造と販売で生計を立てる未亡人がいた。ある日その女性の家が火事になり、生計の糧や所有するなにもかもが焼けてしまう危機に陥った。ところが、一部にはこれを天罰とみなす人もいる。エールワイフと呼ばれる人々が小さなはかりを使って少量のエールしか客に出さず、料金だけはしっかりと取るため、エール検査官からしょっちゅう罰金を科されることはよく知られているからだ。だがこのエールワイフは自分は正直者だとして譲らず、神様に見えるように、そしてそれが全部正しいはかりだとわかるように、火事になった自宅の前の通りに計量カップをすべて並べた。それからひざまずき、神に、正しいはかりであることを見てください、私の家をお救いくださいと祈った。

この窮状を見た神は雲を出して雨を降らせ、おかげで火は消え、正直者のエールワイフの財産は燃えずに済んだ。これは奇跡だったのだろうか？　そうではない。本当の奇跡とは、神がタイミングよく介入して起こるものではない。神がその気になればいつでもこうしたことはできるのだ。だから雨が降ったことではなく、正しいはかりで客に正しい分量のエールを提供するブリュースターの存在こそが奇跡なのだ。

毛布を使う。

家には裏口があって庭がついていて、そこでタマネギやリーキ、キャベツやパースニップ（セリ科の植物でニンジンとよく似た根菜）、カブ、ラディッシュやビーツなど調理用の野菜やハーブを育てていて、それを使って食卓を少しでも豊かにしたり、市場で売ったりしている。ほかにも、衣類をきれいに保ち蛾を寄せつけないラベンダーや、料理の風味を増し、また薬としても使うセージ、それに芳香剤として床にまき、頭痛にも効くシモツケソウなどのハーブも栽培している。家具は最小限で、あるのは背もたれのない椅子と長椅子、それから運がよければベッドくらいだ。

中世社会の身分──富裕層の暮らしぶり

どの時代に行っても、裕福であるほど快適な暮らしになる。それはいつの時代も同じだ。封建制度下では、荘園領主には荘園を守る責任があり、戦争中にはより上位の領主（おもに騎士や諸侯）に奉仕する。その騎士や諸侯は同様に上位にある伯爵や公爵に奉仕し、そして最終的には伯爵や公爵は王に仕える。結局は、最下層の農奴から公爵にいたるまでみな、王に忠誠を誓い奉仕するのだ。しかし実際にはこれが常にうまくいっているわけではない。ジョン王統治期の第一次バロン戦争（１２１５年頃）（ジョン王に対して諸侯が起こした内戦）や１２６０年代の第二次バロン戦争（ヘンリー

3世に対してレスター伯を中心とする諸侯が起こした内戦）、エドワード2世統治期の反乱（1320年代）や、15世紀後半の、私たちが「薔薇戦争」（1455〜1485年まで、ランカスター家とヨーク家により王位を巡って争われたイングランドの内乱）と呼ぶ時期がそうだ。薔薇戦争とはなんともロマンティックな名だが、19世紀につけられたものでしかなく、実際には多くの血が流れ激しい戦いが行われた。

時は1263年。レディ・エレノアを訪ねて話を聞いてみよう。レディ・エレノアはレスター伯夫人で、ハンプシャーのオディハム城で暮らしている。

伯爵夫人、あなたの御夫君であるレスター伯シモン・ド・モンフォールは只今ヘンリー3世と戦っておられます。また国王ヘンリー3世は夫人の兄君でいらっしゃいます。これは夫人にとって難しい状況であることでしょう。ところで、このような立派な城での今のお暮らしについて教えていただけますか。

私たちはいつもこの城で暮らしているわけではありません。いくつかの城を移動するのです。夫は私や幼い子どもたちを戦《いくさ》の場から遠ざけているのです。捕虜となって、王への降伏の道具にされないように。夫であるシモンは、王たちがその誤った行いを正し、神の御意志に従うべきだと心底信じています。それはこの世の人々がみな、領主や州の騎士（各州で2名選ばれた騎士で官吏の役割も果たした）の導きに従い、正しい暮らしを行わねばならないのとまったく同じです。夫は町の住人が政治に対する発言権をもつべきだとまで考えています。あら、話が逸れてしまいましたわね。

それから城にはお掃除も必要で、お手洗いを空にしなければならない場合もよそへ移ります。そのようなおぞましいことが行われているときに、ここにいたいと思う人などいないでしょう？　悪臭が漂っているのですよ！　考えただけでぞっとします。

ご家族のお食事についてはどうされているのですか？

領地の、私有の農場で穫れるものがあります。保存用のものも、穫れたてのものも、隷農が地代として納める食べ物がありますし、食用に飼っている家畜もおります。城の池には魚も泳いでいますよ。それに川には漁業権もあります。この地の修道院は、私たちが漁業権を独り占めしていると異議を唱えてはおりますが。

けれど、地元で穫れるもので賄えるのは日々の食べ物だけですよね。ぜいたくな食べ物についてはどうなのでしょう？　とても高貴なお家柄なので、ぜいたく品をそろえる余裕もおありですよね？

そんなこと言うまでもありませんよ！　もちろんそれくらいのことはできますとも。先の復活祭では司教おふたりとそのお付きの方々をおもてなしいたしました。お食事はみなさま方をうならせるようなものでなくてはなりませんでした。シモンが私に望んだのは、教会がシモンの大義に賛同するよう仕向けることでしたから。私はロンドンの食料品店やスパイス商に人を遣り、美味なものをすべてそろえさせました。インド産のショウガを6ポンド(約2・7キロ)、これは15シリングでした。コショウの実8ポンド(約3・6キロ)は18シリング8ペンス、シナモン6本は6シリングいたしましたよ。シナモンの樹皮はエデンの園から流れてきているという話はご存じでした? 商人はそう申していますが。それからサフラン1ポンド(約0・45キロ)も注文しました。サフランはイングランドで栽培しているとはいえとても高価なスパイスで、それだけで14シリングもいたしました。クローブとナツメグも注文するかどうか話し合ったのですが、司教様にそこまでぜいたくなものを出す必要もありません。結局は砂糖12ポンド(約5・4キロ)、メースを混ぜた砂糖を6ポンド(約2・7キロ)、それからコメを10ポンド(約4・5キロ)というところに落ち着いて……。あら、驚いていらっしゃるのね。

コメを召し上がったとは思いませんでした。

そうね、あなたのような方たちが口にすることはないでしょうが、砂糖と同じくキプロスから運ばれているのですよ。キプロスは、獅子心王リチャード1世が十字軍遠征で勝ち取った領土です。注文の話に戻りますが、アーモンド20ポンド(約9キロ)は4シリングと2ペンス、それからシモンのための復活祭のごちそうに、ジンジャーブレッドひと箱。

けれど、それが2シリング4ペンスもしたことは夫には言いません。シモンは自身に関してはとても質素ですから、自分を喜ばせるために大金を使ったと知ったら機嫌を損ねるでしょうからね。[2]

レスター伯夫人のような貴婦人にとっては生活はかなり快適だ。夫人にはある程度のプライバシーもあるが、貧困層の人々にそんなものはない。夫人には寝所やソーラー（上階に設けられて居間として使う部屋）、庭園といったぜいたくな空間もあるのだ。夫人の兄である国王ヘンリー3世は、イングランドの王室で初めて個人用の浴室を作り、お気に入りの邸宅に自身と王妃のものを設置している。タイル張りの美しい浴室ではあったが、湯を沸かしてそれを召使いがバケツで浴室に運び、また湯をぬくときもバケツで汲み出さなければならなかった。蛇口や浴槽の栓、排水管はないのだ。シモン・ド・モンフォールはこうしたぜいたくを認めず、このため彼の城には浴室がない。彼がひとりでくつろげるのは寝所でのわずかな時間だが、それでも妻の寝所で夜を共にすることも多い。それほど戦いに奔走しておらず、政治の場で忙しくしていないときはいつもそうで、だから夫婦は元気な子どもたちを多数もうけている。壁に飾られているタペストリーは、シモンの祖国フランスから新しくもち込んだものだ。壁画はとても美しいがすきま風を防ぐことはできず、また壁に掛けた高価なタペストリーほどには客に感銘を与えない。

ソーラーは私用の応接室のようなもので、城やマナーハウス（荘園領主の邸宅）の一番いい部屋があてられる。14世紀になり、以前ほど戦争の懸念が大きくなくなると、より多く日光を取り入れるためにソーラーの窓は大きくなる。攻城用の投石機《トレビュシェット》で城壁に岩を投射される危険があるような状況では、大きな窓をつけるのは賢明ではない。しかし平和な時代には快適さを求めることも許されるのだ。ガラス窓がついたソーラーもある。ガラスは裕福な人々のぜいたく品となり、もはや教会で神を称えるだけのものではない。煙突も登場している。煙突の登場というイノベーションで利便性が高まったのは、なんと言っても大広間とソーラーだろう。煙突があれば、ドアや窓を開け、また屋根にすき間を残して煙の通り道を確保しなくてもすむ。そうなると天井を張り2階を置くこともでき、また窓枠もきっちりと作り、天候に合わせて窓を開け閉めできる。城は、少なくとも領主やその夫人や家族、友人や客にとっては居心地のよい場になりつつある。

シュロップシャー州ストークセイ城のソーラー。領主とその夫人のための明るく風通しのよい部屋だ。

ソーラーは陽光がよく入る一番明るい部屋で、そこでご婦人方は縫物や細かい刺繡をする。14世紀になると識字率も上がっていて、ソーラーは読書するにも人気の部屋だ。ひとりで読書することも、ほかの人に本を読んであげて一緒に楽しむこともあるだろう。

天気がよければ、刺繡や読書は庭園に出て戸外で行うこともできる。庶民の家では畑を作って役に立つ野菜や植物を栽培するが、それとは違って邸宅の庭園（プリヴィ［プライベート］・ガーデン）は楽しむためのものだ。ベンチやあずま屋でくつろぎ、ロマンティックな密会さえもある。花は美しく香りがよいものが植えられ、噴水や小さな川が気もちのよい水音をたてる。鳥の鳴き声もあったほうがよく、飛んでこなければ籠《かご》に入れた鳥を用意し、果樹の木陰でくつろぐ人々にセレナーデを聞かせる。その果樹は、春に花をつけ秋には果実をもたらしてくれる。ミツバチが飛び交い、花々を巡って花粉を集め、巣に戻ってハチミツを作る。この美しい安息の場で吟遊詩人は楽器をつまびき歌い、草の上で踊るのもまた楽しい。子どもたちは木々のあいだで追いかけっこやかくれんぼをして遊ぶ。

著名な作家であるジェフリー・チョーサーは、リチャード２世の宮廷で自著『カンタベリー物語』を朗読した。

大広間は城やマナーハウスにおける公共の場だ。ここは大きな城なら数百人、もっと小さなマナーハウスの広間でも数十人を収容できる広さがある。元々、城やマナーハウスで生活の場として使われるのは広間のみだった。広間は食事をしたり遊んだり、裁判を開いたり、眠ったりする場だったのだ。しかし中世も時代が進むと領主はもっとプライバシーを確保したくなり、それぞれ異なる用途をもつ部屋ができる。1485年、テューダー朝期のイングランドではまだ、来客時に、領主は個人用の居住区間ではなく広間で食事を摂っている。クリスマスなど大きな行事は広間で祝う。そこではだれもが一緒に食事を摂って余興を楽しみ、踊ることができる。しかし、身分の低い召使い（あなたはその身分かもしれない）は、食事やダンスが終わると広間で眠る場合が多い。また大広間では、城やマナーハウスの主人が年に4回、裁判を開いてもいる。嘆願や請願を聞き、訴訟事件を裁き、結婚や新たな賃貸契約を認めるなど、ここでさまざまな仕事を行うのだ。

中世社会の身分——中流層の暮らしぶり

中世に行ってみたら、自分が「中流層」の可能性もある。町や都市、なかでもロンドンやブリストル、ノリッジやヨークといった大都市で生活しているかもしれない。町の家はたいていは庭付きで、その家の女性が料理に使う野菜やハーブを育てている。これは田舎に住む女性たちとほぼ同じだ。家畜も飼っている場合が多い。

労働者が住む粗末な小屋と比べると、町なかの家はとても快適と言えるかもしれない。とくに15世紀になると、煙突をつけ、いくらかぜいたく品を備える家も増えている。家具の種類はまだ少ないが、この頃になると、形もバラエティに富み、多くの家に置かれるようになっている。背もたれのない椅子や長椅子とトレッスルボード（テーブル）といった最小限の家具だけでなく、クッションをおいた長椅子（ソファ）や食器棚（cup-board、文字通り、カップ［cup］を置く板［board］）、ビュッフェ（銀器を飾る食器戸棚［ウェルシュ・ドレッサー］）や背もたれのついた椅子などがくわわっている。

*

ロンドンに住む未亡人、エレン・ラングウィズは夫の死後、そのあとを継いで仕立て屋を営んでいた。それにくわえ、自身が営んでいた絹製品を扱う仕事も続けている。エレンはかなり裕福だったと思われる。1480年にエレンは遺言書を書いており、彼女が遺言で残す家財道具を見ると、中流層の人々が快適で便利な品々を取り入れた暮らしをしていたことがわかる。エレンは、羽毛を詰めた敷き布団と長枕、毛布2枚、マットレス、大判のシーツ2枚、カバー付きの羽毛枕を2個、染め物の天蓋とカーテン、タペストリーで作ったベッドカバー、それに緑色のバックラム生地（糊やにかわなどで固めた木綿や麻などの布）の壁掛けひとそろいを残しているのだ。天蓋は屋内テ

中世の商人の自宅兼店舗

ントのようなもので、垂木にかけてベッドの上に吊るす。カーテンもそうだが、天蓋はすき間風を防ぎ、ベッドでの寝心地がよくなる。この時代にセントラルヒーティングはない。エレンはベッドで凍える夜を過ごしたくはなかったのだ。

　こうした寝室用品と、チェストがふたつ、食器棚がひとつ、それに複数の燭台、洗顔用の水差しや洗面器、さらには大量の台所用品やテーブルクロス、ナプキン類は、エレン付きの小間使いの兄であるジョン・ブラウンが相続することになっていた。しかし寝室用品はこれだけではなかった。エレンはそれ以外の人たちにもマットレスや長枕やシーツ、それに青と白のベッドカバーと、赤のウーステッド（なめらかな毛織物）の「寝床」とそれに合う壁掛けを残している。[3]

＊

どこに住んでいようとどんな住まいであろうと、火事には気をつけること。覆いのない炉や

1212年にロンドンの大半を燃やし尽くした恐ろしい大火のあと、ロンドンでは、燃えやすい藁葺きやかや葺き屋根を禁じる法律が制定された。だが残念ながら、屋根を瓦葺きにする余裕があるのは裕福な家だけだったため、大半の人々にとってはないも同然の法律だった。

ロウソク、それに人工的な灯りはどんなタイプのものであれ、炎や火がむき出しになっているだろうから。また暗くなってから外出する場合は松明《たいまつ》を携行しなければならない。街灯などないので足元を照らす必要があるからだが、それだけでなく、合法な用事で外出しているきちんとした人物であると示すためでもある。火のついた松明をもっていないと、あなたが重罪犯でよからぬことを企んでいるのではないかと夜警に疑われ、捕まる可能性もある。

言葉に気をつけよう

危険なのは火だけではない。あなたが口にする言葉がトラブルを招くこともある。ひどく驚いたり、なにか重いものをつま先に落としてしまったりしたとき、4文字言葉（fuckほか、汚いののしりの言葉とされるもの）を口にしたくらいでいやな顔をされることはないだろう。だがOMG（Oh my God［なんてこった］!）——携帯電話で友人にメールするときには入力するかもしれない——は中世では神への冒瀆だ。むやみに神の名を口にするとにかく教会裁判所で裁かれ、罰金を科されることになるだろう。

そして誓いの言葉も現代とはまったく重みが違う。「誓ってだれにも言わない」というのは宣誓であって、それは神に対する誓いだ。その誓いを破れば仲間から、あなたの魂は永遠に地獄の業火で焼かれて当然とみなされる。誓いを破る者はだれにも相手にされないのだ。

間違ったことを言って友人を失いたくなければ、時代によって意味が異なる言葉のリストが役に立つかもしれない。女性には「素敵だ（look nice）」と言わないように。それはお世辞ではない。「nice」という言葉には「細かすぎてうるさい」という意味があり、小言を言ってあらさがしをする妻を指すものだ。それから子どもに「わんぱく（naughty）」と言うのもだめだ。「naughty」は「くず同然（nothing）」のひとでなしという意味をもつ。殺人者や性犯罪者に使う言葉で、言うことを聞かない子どもに用いるものではない。しかし逆に、賢い子どもに「バカ（silly）」と言うことがある。これはかわいくて無垢なことを意味する言葉なのだ。「すごい（amazing）」も現代ではよく口にする表現だが、友人が作った料理や木工品、詩に対しては使わないように。これはすばらしいという意味ではなく、「迷路（a maze）」で迷う、つまりは困惑したりとまどったりという意味をもつ言葉だからだ。それから「驚異的（astounding）」は、なにかが頭に強くぶつかって目から星が出るという意味だ。

中世の言葉の意味を学んだところで――今説明したのは時代とともに意味が変わった言葉のほんの一部だ――あなたには、歴史をさかのぼる旅の目的地に到着したら、まずは口を閉じて人々の話に耳を傾けることをお勧めする。一般庶民は英語を話しているが、耳が慣れるまでは外国語のように聞こえるだろう。聖職者、医師、弁護士、それに学者はラテン語を使っているかもしれない。それから14世紀末までは、王族や貴族はフランス語の変種を話している。15世紀になるとフランス語は廃れるが、それでもまだフランス語を話せると、それはよい血筋であるというしるしだと考えられている。まずはなるべく口を開かないことをお勧めするのは、ひとつには、その現代のアクセントがほかの人々とは違うため、よそ者や外国人だと思われてしまうからだ。

よそ者（ほかの村の者）や異郷人（異なるアクセントでしゃべる別のカウンティ［日本の県にあたる行政区画］出身者）、あるいは外国人（異なる言語でしゃべる別の国の出身者）と呼び方は違えど、そうした人々は、その土地でなにか不幸なことが起きると、犯人や容疑者とされる場合がほとんどなのだ。ヒツジがいなくなったり小川が干上がったりすると、まず疑いの目が向けられるのはよそから来た人や新顔だ。村では、地元の住民ではない者はすぐにわかる。だれもが顔見知りという村では見慣れぬ顔は目立つのだ。また町では、服装が一風変わっていないかぎり外見ですぐにわかるわけではないので、一般にそのアクセントの違いでよそ者だと判断される。

１３８１年に農民反乱が勃発したとき、ロンドンでは、権力者たちにくわえフランドル人にも暴力が向けられた。フランドル人とはフランドル地方（オランダ南部、ベルギー西部、フランス北部にまたがる地方で、毛織物業の中心地だった）出身の人々で、本来はその特殊な毛織物技術を評価され、イングランドに毛織物業を広めるために招かれていた。しかし都市部にとどまる彼らは次第に、仕事を独占するつもりなのだと見られるようになっていく。正しく「パンとチーズ（bread and cheese）」と言えない者はフランドル人だと決めつけられて、群衆から暴力を振るわれたと言われている。だから、口にする言葉とそのアクセントには注意しよう。

第3章

信仰と宗教についての考え方

中世イングランドではローマ・カトリック教会が実質、生活のあらゆる面に関わっている。宗教とは単に教会の礼拝に出席するとかお祈りを唱えるといった簡単なものではない。働く時間、食べるもの、どういう服装をするか、それにいつ、どういう性行為をするかといったことまで宗教が決めるのだ！　21世紀にしても似たり寄ったりの社会だと思うかもしれない。防犯カメラがいたるところに設置され、Eメールが読まれていたり電話が盗聴されていたり、それにDNA鑑定もあって、独裁者や国家が過度に国民を監視し個人情報を握っているではないかと。しかし少なくとも寝室にはプライバシーがある。だが中世の教会はそうした例外など一切認めず、個人の日常生活に制約を課していた。

あなたが中世のイングランドで直面する問題のひとつが――それは教会に集まる会衆のほと

んどにとってもそうなのだが――司祭が行う礼拝はすべてラテン語だという点だ。だからラテン語を学んだことがなければ、礼拝の内容や進行を理解することは難しい。聖書、福音書、ミサ典書も、それに聖歌隊が歌う讃美歌も合唱歌もラテン語だ。英語版の聖書をもつことは事実上異端なのだ。ラテン語のみを使用することについては、資格のある司祭がその意味を解釈し説明して初めて平信徒は神の言葉の意味が理解できるし、また司祭の説明もなしに勝手な理解をしてはならない、というのがカトリック教会が挙げる理由だ。

グロスター公（1452年生誕、のちのリチャード3世、在位1483～1485年）はラテン語を読むことができたが、英語版の四福音書を所持していた。しかしこれにはカンタベリー大司教の許可が必要だった。

司祭は毎週日曜日に聖体祭儀（荘厳ミサ、後世には聖体拝領とも言われる）を行う。このとき薄いパン（ウエハー）とワインを口にするのは司祭のみだが、復活祭の礼拝では信徒にもウエハーを授ける。しかしワインを口にするのは司祭だけだ。会衆はたいして崇敬の念を抱いて出席しているふうでもなく、礼拝のあいだ、おしゃべりや居眠り、それに仕事の打ち合わせをしている姿も見られる。だが聖なる儀式が最高潮に達するとき、つまり聖体祭儀でパンとワインを口にするときには、鐘が鳴って会衆の注意を引きつけ、人々はおしゃべりをやめひざまずいて数分間頭《こうべ》を垂れる。それが終わるとまたおしゃべりがはじまる。とにかく礼拝に出席しさえすればいいのだ。祭壇で行われていることを理解する必要はなく、そのお決まりの手順にはそのうち慣れるだろう。まわりのみんなの真似をすればいい。毎週日曜日の礼拝の終わりには、小教区内の家がもちまわりでウエハーではないごくふつうのパンを用意し、みなで祝福し分け合って食べる。

たいした理由もないのに少なくとも週に1回は教会に顔を出さないと罰金が科される(日曜の朝寝は理由にならない)。病気や慢性病や、必要があって小教区に不在の場合は礼拝への不参加が認められる。また、婚前交渉(結婚前の性交)や姦通(配偶者以外の相手、または他人の配偶者との性交)、あるいは――これは女性にかぎるが――婚外子を産むことにも罰金が科される。荘園領主と「主従関係」にある貧困層の人々は、領主の承認なしの結婚には二重の罰金が科され、教会と領主に支払うことになる。罰は金銭的なものとはかぎらず、面目を失わせるものの場合もある。大衆の面前で「恥をかかされる」罰もあるのだ。

小教区で人気のイベントは「教会エール」だ。人々がエールかエールの醸造に必要な材料をもちより、そのもちよったエールを1杯買うのだ。これは教会修復の資金稼ぎの手段であり、また売り上げの一部は、暮らしが困難になった地元住民に寄付する場合もある。こうしたイベントに対し教会は必ずしも教区民ほど熱心なわけではなく、禁じようとすることさえある。酔っ

中世への旅の前には、主の祈りと聖母マリアの祈り、それにできれば使徒信条をラテン語で暗記しておこう。これを唱えることができればよきカトリック教徒のしるしとなる。

ぱらったり神にふさわしくない行為もあったりするからだ。とにかく教会エールをやりたい小教区民にとって禁止など受け入れがたく、聖なる建物である教会とは別の場所で実行することも多い。教会の資金の大半は十分の一税によるものだ。十分の一税とは、毎年、各戸の「動産」の十分の一と評価されるものが、年に4回（四季支払日）――聖ヨハネの日（6月24日）、ミカエル祭（9月29日）、クリスマス（12月25日）、聖母マリアの受胎告知の日（3月25日）――教会に対して支払われる仕組みだ。「動産」とはとにかく建物以外のもの、たとえば金銭、農作物、家畜、家具、衣類、宝石類、それに商人であれば店や倉庫に保管してあるものすべてが含まれる。教皇インノケンティウス3世は1215年のラテラノ公会議で、十分の一税の査定と支払いは、皇帝や王、領主その他すべてに対する税の支払いと義務に優先すると規定した。それが可能なほどに教会の権力は絶大なのだ。

仕事と休暇

教会はまた仕事に関しても決まりを定めている。時計などほとんどなく腕時計ももち歩いていない時代には、いつ起床して仕事に出かけ、いつ昼食の休憩をとればいいのかなどなど、どうやって知るのだろう。答えは教会にある。教会の鐘だ。

たいていの町や村には近隣に、宗教関連の建物（大修道院や修道院、あるいは小修道院）が少なくともひとつはあり、修道士や修道女が、教会で祈る時間になったことを告げる鐘を鳴らす。地元の人々は日中に鳴る鐘だけを時を知るものとして利用している。ひと晩ぐっすり眠るため、夜中に鳴る朝課《ちょうか》と賛課《さんか》の鐘は聞こえないことにしているのだろう。1日のはじまりを告げる1時課の鐘は朝6時に鳴り、3時課は朝9時頃、6時課は正午。9時課は午後3時、晩課は午後6時頃だが冬にはもっと早く鳴る。それから就寝時間を告げる終課がある。また地元の教会はアンジェラスの鐘を鳴らし、小教区民に起床時間と夕食の時間、それから就寝時間を告げる。アンジェラス（Angelus）という名は、起床と夕食、就寝時間に暗誦すべき祈りが由来だ。それはこうはじまる。「天使（angel）はマリアに言う『あなたは女のうちで祝福され』」（最初の言葉「天使」はラテン語では「Angelus」だ）。

日曜日は主日《しゅじつ》であり、安息日だ。だから家畜のえさやりや食事の支度といった必要不可欠な仕事以外は働いてはならない。仕事を休み、この日1日を神を瞑想し霊的なことがらを熟考することにあてるべきなのだ。これはとても重要だと考えられていて、教会は、土曜日の仕事を半日とするよう求めている。安息日の日曜日に備えて仕事や作業場は正午で終える。それからパン生地をこね、薪を割り、水を汲み、野菜の皮を

教会の鐘と時の計測には深い関係がある。「時計（clock）」という言葉はフランス語の「cloche」の綴りの誤りなのだ。そして「cloche」の意味とは「鐘」だ。

むき、教会に着ていくための晴れ着を用意して、日曜日の支度をするのだ。教会暦には聖人の日や祝日が多数あり、こうした「聖なる日（holy day）」は休息日（holiday）であり仕事を休む。クリスマス、復活祭、聖霊降臨の日、それに年によって移動する夏の聖体の祝日には仕事を休むし、また春の訪れを祝う5月祭やホック祝節など、それほど宗教的な色合いが強くないイベントも休息日だ。

ホック祝節は変わった祭りで土地ごとに異なった習慣があり、その土地のものに合わせて祝う必要がある。この祝祭は復活祭後の第2月曜にはじまり、初日は男性が楽しむ1日だ。翌日の火曜日は女性が楽しむ日となり、この2日間、男性と女性はそれぞれ通りがかりの人、それもたいていは異性を捕まえて閉じ込め、解放の対価としてキスと寄付を要求することが許されている。ロンドンのセント・メアリー・アット・ヒル教会の信徒代表の説明では、ある年のホック祝節の月曜日に男たちが女性から集めたのは14シリング8ペンス。一方で火曜日に女たちが男性から集めた金額は4シリング5ペンスでしかなく、おそらくはコインよりもキスを要求したのだろう。[1]

四季支払日は前述したように十分の一税を支払う日であり、この日には地代や国王への税も納める。徒弟奉公契約やその他の事業契約の開始と終了も通常は四季支払日だ。個人の負債の支払日もこの日である場合が多い。財務府の会計年度末は聖母マリアの受胎告知の日（3月25

1752年に、イングランドはヨーロッパの他国に合わせて暦《こよみ》をグレゴリオ暦《れき》に変更することになった。しかしそうするとそれまでの暦よりも11日分日数が少なくなり、財務府は11日分の収入「損失」が出ることを受け入れなかった。このためイングランドの会計年の年度末は3月25日から4月5日に移され、今もそれが続いている。

日）なので、すべての支払いはこの日までに済ませなければならず、そうでないと罰が科される可能性がある。

また裁判所や大学の3（学）期制も教会暦をもとに設定されており、法律関連や大学の年度のはじまりは9月下旬のミカエル祭であり、これ（秋学期）がクリスマスに終わり、そしてヒラリー学期（春学期）は1月13日（聖ヒラリーの祝日）にはじまって復活祭に終わる。それからトリニティ（三位一体）学期（夏学期）だ。三位一体の主日はその年の復活祭の日に応じて異なり、5月下旬から6月半ばと幅がある。聖霊降臨祭後すぐの日曜日にこの祝祭は行われる。

断食

教会には程度の違いはあるが断食の習慣がある。もっとも厳格なパンと水だけの食事は贖罪として課されるものだ。聖人志願者でもなければこの食事が課されるのはせいぜい1日か2日だが、聖人になるのであれば、生涯この食事を続けることになる可能性が高い。そうなるとあなたの人生は短いものになるだろうし、そうした断食はお勧めできない。

それに次ぐレベルの断食は、教会が赤ん坊や病人以外のすべての人に課すもので、四旬節のあいだ、復活祭までの40日間続く。四旬節の断食は、肉や、たとえばラードなど動物から摂る食品や、牛乳やバター、チーズなどの乳製品や卵を一切摂らないというものだ。魚、パン、野菜は食べてよいが、「魚」が本当に魚だけだと思ったら大間違いだ。パフィン（ニシツノメドリ）やカモメ、カオジロガンといった海鳥も海のものと考えられていて、魚として食べてもよいのだ。それからアザラシやネズミイルカ、クジラもそうだ。あなたの家の近くの海岸に打ち上げられていたら、こうした動物は食べてよい。クジラは公《おおやけ》には王のものだと考えられているが、王はクジラの1頭や2頭を失ったところで惜しがらないだろうし、それに、クジラが打ち上げられていると王の耳に届く頃には、クジラの肉は跡形もなく消え失せているだろう。

一番楽な断食が、肉ではなく魚を食べ、また乳製品も食べてよいというものだ。あなたが魚を好きであればいいのだが。なにしろ魚を食べなければならない日が多いのだ。毎週水曜日と金曜日は魚の日、それに祭日前夜（徹夜祭）と降臨節のあいだ（11月30日の聖アンデレの日直前の日曜日から、クリスマス・イヴとクリスマス当日まで）もずっと魚を食べなければならない。断食のときに必要となるはずなので、ここに四旬節用の断食のメニューを用意する。レシピを見るととてもおいしそうに思えるが、貧困層の人々にはコショウや砂糖、アーモンドを買う金はないだろう。砂糖はハチミツに替えればよいし、秋にハシバミの生垣で実を拾って保存しておけば、四旬節でアーモンドの代わりに使える。分量は正確ではなくおおまかなもので、それにイングランド方式だ。

アーモンドクリーム入りジュート（シチューやスープのような料理）

およそ2ポンド（約900グラム）のホウレンソウを用意し、茎を取り葉だけにする。リーキの緑の部分をスライスしたもの約4オンス（110グラムあまり）と、新鮮なハーブ（チャイブ、タイム、ヒソップ［ミントの一種］など）を刻んだもの大さじ2。このすべてを2パイント（約1・2リットル）くらいの湯を沸かした大鍋で、リーキがやわらかくなるまで煮る。

この間、挽いたアーモンド4オンス（110グラムあまり）と少量の小麦粉を小鍋に入れ、水をくわえてなめらかなクリーム状にする。ホウレンソウやリーキ、ハーブ類を煮たものを漉し、湯はとっておく。ホウレンソウ、ハーブ類、リーキはどれも食べやすい大きさに刻む。とっておいた湯の半量にアーモンドクリームをくわえてよくかき混ぜ、塩、コショウひとふり、ナツメグ、砂糖ひとつまみをくわえる。これら高価な調味料を買う余裕があればだが。この鍋にホウレンソウ、ハーブ類、リーキを煮たものを戻し、かき混ぜながら煮詰める。鮮やかな緑色のスープができたら供する。[2]

このレシピのアーモンドクリームに野菜の煮込みではなく湯やワインをくわえたものは、牛乳やヒツジやヤギの乳のおいしい代替品だ。ソースを濃くしたり、カスタードを作ったりするときに使える。

性行為

教会は、できることなら性行為はみな禁じるはずだ。だがそんなことをすれば人類はまもなく滅びてしまうため、性交は犯さざるをえない罪だとみなすしかない。そしてそれは明らかに大きな「罪」なのだ。修道士や修道女は禁欲者でなければならないが、これも常に守られているわけではない。1434年、リンカンの司教がオックスフォード近郊にあるゴッドストウ修道院に赴いて、修道女が敬虔でありその誓いを守っているかを調べた。このとき司教はこう述べている。「そして破門される危険を冒してまで、いかなる楽しみのためであれ、世俗の人［宗教に関わりのない人］を部屋に受け入れている修道女などいない［はずだ］。というのは、オックスフォードの学者たち［大学の学生たち］が、どのようなものであれ、修道女たちとのお楽しみは自分たちの意のままだと言っているのだ」[3]。学生たちが言うお楽しみとはどのようなものかくらい、だれにだってわかるはずだ。

先に述べた1215年のラテラノ公会議では、聖職者は妻帯してはならず、「家政婦」を置いてもならないと宣言された。司祭は結婚すべきではないというのが常に理想とされてはいたが、多くは住み込みの家政婦を置くことでそれをごまかしていた。つまりは実質上の妻だ。その公会議で教皇は、これからは妻も「家政婦」も許されないと公に宣言したわけだ。そして聖職者の行動について教皇は、司祭はみだらな行為(だれとであれ、いかなる性行為であれ)をしてはならないし、酒に酔ってもならない、また「道化師や役者」(つまり芝居や演劇)に関心を向けてはならないと命じた。この規則は、多くの司祭がたびたび無視している。

生理中に授かった罪深い子どもは、見ればだれにでもそれとわかると信じられている。その子が赤毛だからだ。

結婚した夫婦も、断食期間の性行為はすべて禁じられている。またその行為の目的とはただ子をもうけることのみなので、妊娠中や授乳中の女性と行うことは許されない。そうした期間や生理中には妊娠しないと考えられているのだ(それが確かなことだと保証されてはいないが)。

性交が許されるとはいえ、教会が認めるのは男性が上になる正常位のみの場合で、また暗くなってからロウソクの灯りを消して、目を閉じて行わなければならない。そうすればパートナーの裸体が見えないからだ。そして決して快楽を覚えてはならない。人類が絶滅していないのが驚きだ。

教会の教義に従って懐妊したとしても、女性は出産の痛みを通して罪の代償を支払う。またもし未婚であれば、女性は婚外子を産むことに対し、荘園領主に罰金（leyrwite）を支払うことになる。また赤ん坊は原罪をもって生まれてくるため、洗礼を受ける必要がある。洗礼を受けないと、教会はその子がキリスト教徒として埋葬されるにふさわしくないとみなし、地獄のはずれにある辺獄（リンボ）に永久にとどまるとされる。このため、洗礼式を行う司祭の到着前に赤ん坊が亡くなりそうな場合は、助産師がこの秘跡を行うことが許される。女性が行える唯一の聖なる儀式だ。ときには、死産の場合でも、助産師が赤ん坊が息をしたと宣言して洗礼し――正式には、生きている者だけが洗礼を受けることができる――名前を与えることがないわけではない。こうすれば赤ん坊は神に「知られる」ことになり、そして辺獄にとどまるという恐ろしい運命から逃れることができる。助産師は洗礼を執り行うこともあるため、当然ながら、教会が人物をよくあらためてから出産介助の免許を許すことになる。とはいえそれほど大層なことではない。緊急時には、女性ならだれでも助産師にならざるをえない可能性があるのだ。

死と死者についてはどう考えているのか？

中世の人々は死に対して、21世紀に慣れ親しんでいるのとは大きく異なる考えをもつ。死とは、大きな声で語れないタブーではない。日々の生活における実際的問題であって、だれにも経験がないのだから、死の前に話し合いと準備が必要だ。15世紀になる頃には、墓や壁画に、死のモチーフとしてよく骸骨が描かれている。そこにあるのは死に関する教訓だ。つまり、あなたが現在どれほど立派で重要人物であっても、ある日死はあなたに訪れる、だから死を忘れてはならないという教えなのだ。墓に眠る人はそこを訪れた人に自分の魂のために祈ることを求めている。訪れた人自身に死が訪れたときに、ほかの人々がまたその人のために祈ってくれることを願って。「メメント・モリ（死を忘れるな）」を意味する骸骨は「死を思い出させるもの」だ。死とは、私たちみなに等しく待っている運命なのだ。

メメント・モリ――「3人の生者と3人の死者」:「あなたたちもいずれ私たちのようになる」

当時のイングランドの詩人ジョ

ン・リドゲートは、死を題材とした詩を1遍書いている。その「死の舞踏 *The Dance of Death*」をここに引用しよう。

なんとも頭の固い人々よ
まったく、生きながらえることばかりに熱心で
命がずっと永遠に続くかのように思っている
分別はどこに？　それがわかるほどの知恵はないのか？
目の前で突如の暴力がふるわれ、残酷な死が訪れる
死は賢く哲く
疫病の一撃でみなの命を奪い
若者も年寄りも、上品であろうと下品であろうとにかかわらず
身分にかかわらず死は訪れる
教皇であろうと王であろうと、立派な皇帝であろうと

これは、本来書かれた中英語では押韻詩であり、死があらゆる人を誘い一緒に踊るという悲喜劇だ。高貴な人であれ労働者であれみな、死は避けられないものであるのに、できるかぎり

それを遠ざけようとする。しかしどれほど富を蓄えても懸命に働いてもそれを逃れる方法を手に入れることはできない。最後には、死はすべての人と踊るのだ。

しかし中世イングランドでは前述した通り、日常生活はローマ・カトリック教の信仰にもとづいて行われている。これは重要な事実であり、何度も言うに値する。つまり、現代人にはなじみがなく、理解するのが必要な概念があるということで、死後にどうなるかという問題についてはとくにそうだ。よきキリスト教徒の遺体は聖別された土地に埋葬されてそこで次第に土に戻るが、あとで簡単に述べるように、それで終わりではない。中世の人々にとっては、魂がどうなるかという問題のほうが重要だ。21世紀において個人的になにを信仰していようと、中世という時代に行ったら、だれもが魂をもっているという考えを受け入れなければならない。

死後、聖人となる運命にあれば魂はまっすぐに天国へと召されるし、決して許されることのない凶悪な犯罪者であればまっすぐに地獄へと落ちる。しかしどちらでもない場合、その魂は煉獄《プルガトリオ》（Purgatory）と呼ばれる場へと行く。それがどこにあるか正確に知っている人はいないが、天国と地獄のあいだの待合所のようなものだ。信心深い人が亡くなった場合、その魂は煉獄で一時的な罰を受けることでより浄化され、罪はすっかり清め落とされて（purge away）——だから「Purgatory」というのだ——天国へと入る準備をする。魂がそこで過ごさなければならない時間は生前の行動によって減ぜられることが可能だ。教会では煉獄で過ごす期間を短くするためのさまざまな方法を教えるが、その大半は教会の献金箱を満たす一助となるものだ。

遺言で聖職者に金を渡してミサで死者の魂とその家族や友人のために祈ってもらうのもよいし、その祈りの対象に「キリスト教徒すべての魂」が含まれる場合も多い。金を払って故人のためにミサを行ってもらったり、断食したり、あるいは故人の代理で巡礼に出かけたりすることも、煉獄にいる魂の助けになる。生前に、あるいは遺言で貧しい人々に施しを与えたり、道路や橋の修理資金を提供したりするのも社会に利益をもたらす行為であり、魂の浄化に反映される。教会の資金源には贖宥状《しょくゆうじょう》（免罪符）もある。贖宥状は一般に教皇が発行するものとみなされているが、この小さな紙切れを手持ちの金で買えるだけ買って、主の祈りとアヴェ・マリアの祈りを何度も唱えれば、いわば煉獄で過ごす「時間短縮」があなたの魂に施されるのだ。とはいえ気を付けること。偽物の贖宥状も出回っている。

煉獄にいる魂がどうなろうと、最終的にはすべての人に審判の日が訪れる。最後の審判のラッパが鳴ると死者の体は完全なものとなり、墓から起き上がって魂とふたたびひとつになる。しかしみながそうなるわけではない。辺獄にいる洗礼を受けていない赤ん坊や、自殺者、

溺れてカニや魚に食べられたキリスト教徒が最後の審判でどうなるかについては、学者のあいだで盛んな議論が交わされた。つまり、そうしたカニや魚が捕まってほかのキリスト教徒に食べられると、死者の一部はほかの人の体の一部となっているからだ。

魔女、異教徒、重犯罪者や断首された反逆者は起き上がることはない。それ以外の人はみなキリストの前に立ち、天国へ行くにふさわしいか、永遠に地獄の業火に焼かれるかの審判を受ける。これは真剣な問題であり、信じたほうがよい。ほかの人々はみな信じているからだ。

死にどう対処するのか?

死は、あとに残された愛する者にとっては常に苦痛であり、予期せぬ死はいつでも起こりうる。早すぎる死からあなたを守る特別な聖人さえいる。教会にはたいてい、正面玄関前に聖クリストフォロスの像や壁画があり、毎日朝一番に、小教区民がその前で小さく頭を下げて聖人に挨拶し、その日、突然の死から守ってくださいますようにと手短に祈りを唱えることができるようになっている。

最悪の事態がその身にふりかかったら、できれば聖職者を呼んで最後の告白を聞いてもらい、罪に対して赦しを与えてもらうのが望ましい。死にかけている人の息が止まる前にそれが行われるかどうかは別として、聖職者は最後の儀式を執り行い、死に行く者の体に聖油を塗って、よきキリスト教徒の魂が最後の審判の日にできるだけ天国へ行けるようにと取り計らう。その後家の女連中が遺体を洗い清め、聖職者が聖水をふって埋葬布で包む。13世紀までは棺《ひつぎ》が使われることはまれで、このため布をかけた安置台に埋葬布で包んだ遺体を載せて墓地へと運び埋葬する。

葬儀は必ず暗くなってから執り行われる。参列するのは男性のみで、松明で道を照らし、死者の家から教会までを列になって進む。墓穴《はかあな》の最初のひと掘りは聖職者が行うのがしきたりで、その後、墓守とその手伝いの若者が穴掘りの重労働を引き受ける。14世紀に入ると、裕福な人々は葬儀と埋葬のために棺をあつらえるようになった。貧しい人々は小教区で保有する棺を使いまわさなければならない。埋葬布で包んだ遺体を棺から出して埋葬し、その棺は、次の

聖クリストフォロスを描いた中世の壁画

◉豪奢な見送り

セリア家はロンドンの羊毛商人だ。老リチャード・セリアが１４８２年に亡くなると、一家は一連の饗宴で老セリアを追悼し、セリア家のロンドンでの地位の高さを周囲に見せつけた。死後4週間後の追悼ミサの宴のために、料理人ひとりと下働きの少年ふたりを12ペンスで雇ったが、客にしかるべき感銘を与えるために、セリア家はプロの執事であるトーマス・リンも16ペンス出して雇っている。忌明けとなる死後12か月に行う追悼ミサの宴は、ウィルチャーもしくはウィルシャーという名の料理人が13シリング4ペンスという破格の報酬で雇われたが、彼はその報酬に恥じない働きをしたようで、セリア家はその翌年、リチャードの未亡人であるアグネスが亡くなった際にもこの料理人を雇っている。またこの追悼の宴の手はずを整える担当として、一家は友人のウィリアム・マリオンを雇った。マリオンは宴に必要な食材の量を見積もると、鳥肉屋のコレットには猟鳥を注文し、肉屋のクロークからは何種類もの肉を、食料雑貨商のウィリアム・ダイゴンからはスパイス類を買った。客の歓心を買うため、セリア家はこの饗宴のために高価な白目の皿も16組借りている。

貧者の葬儀のために再利用されるのだ。

遺体を保管する冷蔵施設はないため、地面が凍っていたり雪が積もったりしていないかぎり、葬儀はできるだけ早く、死後1〜2日のうちに行われる。情報伝達には時間がかかり（即座にメッセージを送信したり電話をかけたりすることはできないのだから）遠くの友人や家族が葬儀にやってくる時間的余裕はない場合がほとんどだ。この問題を解消するのが中世の「追悼ミサ」だ。死から4週間後に故人をしのぶ会と宴が催されるので、これなら遠くにいる親戚も出かけることが可能だ。

死後1周年を記念する「追悼ミサ」の宴もある。しきたりでは、残された配偶者はこれで喪が明け、それなりの年齢であれば再婚を考えることが可能になる。とはいえ1年も待っている者ばかりではない。幼い子どもがいる未亡人は生活を支えてくれる夫をできるだけ早く見つける必要があるかもしれないし、裕福な未亡人には、新しい夫になろうと、男たちが先を争って結婚を申し込む場合もある。この状況を経験した女性がいる。ジョアナ・ゲドニーの場合はこうだ。

ゲドニーさん、こんにちは。あなたは未亡人になることと再婚を経験されています。その経緯について少々お話を聞かせてもらえますか？

私は4人の夫を見送りました。みないい人たちでした。遺言では夫たちそれぞれに100マーク（中世イングランドの通貨）を残し、司祭様に4人の魂のためにミサを執り行ってもらうつもりです。最初の夫はジョン・ゲイド。彼とのあいだに娘のデニスをもうけました。2番目の夫は男やもめのリチャード・ターナントで、出世街道を歩んだ人です。私たちはウィンチェスターに住み、彼は縮絨工として繊維事業で成功しました。市長を二度、議員は五度も務めました。私も妻として立派に務め、1428年には息子をひとりもうけました。私はどうしても息子に夫の名をもらいたかったので、リチャードと名付けました。残念ながら、1433年にまた夫に先立たれましたが、夫のリチャードは私よりもかなり年配だったのです。夫は私に多額の財産を残してくれており、私は自分と息子のディック（リチャードの愛称）のために生活を一新したいと思いました。ウィンチェスターは思い出が多すぎましたから。かわいそうな私の娘、かわいいデニスはその前年にはしかで亡くなっていましたしね。

それからどうなさったのですか？

私はロンドンに出てきてロバート・ラージ（Large）と結婚しました。名は体を表すで、ロバートはとても体格がよく、そして裕福な絹物商人でした。私はロバートのことをまったく知らないわけではありませんでした。前夫のリチャードが布の商売でロバートと取引していたからです。私たちは互いに好意を抱いたので、結婚は理にかなったものだと思えました。ロバートは1439年にロンドン市長となり、私は市長夫人となりました。その2年後にロバートが亡くなったとき、彼は私に事業と、私がもっとも将来を期待していたウィリアム・キャクストン（イングランド初の印刷業者）はじめ4人の徒弟を残しました。それにくわえ遺産は4000マークもあったのです！　そんな大金、信じられますか？　それだけの遺産があったので私はもう結婚する必要はないと思い、結婚の申し込みに煩わされることがないよう、ロンドン司教様の前で貞潔の誓いを立てました。けれどもその後、ロバートと私の友人のひとりで、裕福な服屋で市参事会員でもあるジョン・ゲドニーが、互いの地所を増やすことを思いついたのです。私とゲドニーはロバートの共同遺言執行者でした。私たちはミドルセックス郡のトッテナムの村にかなりの地所を所有していて、ジョンはふたりの財産を一緒にして大きくするのはどうだろう、それには結婚が一番手っ取り早い手段だと言ってきたのです。すでに貞潔の誓いをしたので無理だと伝えたのですが、彼はそんなことは問題ではないと言いました。1442年に私たちは結婚しましたが、ひどい騒ぎになりましたよ。私たちは贖罪し、教会裁判所で罰金を支払うはめになりました。

けれどその汚名はすすいだのですよね？

もちろんですよ。結婚後、ジョンはロンドン市長になり——二度もです——私はふたたび市長夫人となりました。4人の夫のなかで一番愛していたのはジョンではないかしら。ジョンは1449年に亡くなりましたが、私はもう断じて結婚するつもりはありません。し、私が死んだらジョンの隣に埋葬してもらうつもりです。それまでは、私はロンドンのスレッドニードル・ストリート（糸針通り）に立派な屋敷「ル・レデンポルシェ」を構える、トッテナム荘園の女主人です。私が死んだらかなりの金額を息子のディックに残すことになりますが、それ以外の資産の大半はディックの娘のトマシーナにわたります。トマシーナが次のトッテナムの女主人となり、私のきれいな宝石もすべて彼女のもの。私の遺産でトマシーナが末永く幸せな人生を送れるよう願っています。[4]

ジョアナがこれほど富を築けたのには、ひとつは、ロンドンの慣習法が理由にある。夫の死後に葬儀費用を支払い負債を清算したあとは、残りの財産は3分割される。3分の1は教会と寄付に、3分の1は妻にわたり、残りの3分の1を子どもたちが分けることになるのだ。遺言状にこれ以外の遺産分配法が書かれていることもあるが、それが不公平だと思えば教会裁判所で異議を唱えることができた。

どのようにして礼拝するのか？

教皇インノケンティウス3世は、あの有名な1215年のラテラノ公会議で祈り方の変更を規定したとも言われている。それ以前はだれもが、神の祝福を受けそれを抱き留められるように、腕を大きく広げて立ったまま祈った。だが本書序文で見たように、当時のヨーロッパでは人口が大きく増加しつつあった。教会は混み合うようになっていて、こうした方法で祈ると左右の人の目をついたり、耳にぶつかったりする危険があった。教皇は、会衆がひざをつき両手を合わせて祈ればスペースもとらないし整然として見えると考え、そうすることにしたのだろう。司祭ほか礼拝を執り行う者は腕を広げて祈るが、一般の人々がひざをつき両手を合わせる祈り方はそれ以降ずっと用いられ、21世紀の今も一部の人はこうしている。

公会議ではまた神との意思疎通に対する姿勢も新しいものを認めることになる。以前は、聖職者以外のごくふつうの人々が英語やフランス語——あるいはその他の母語——で行う祈りは神の耳には届かないと考えられていた。神にはラテン語しか聞こえないのだ。神は全知であるはずなのに奇妙なことではある。このため、人々の祈りを司祭がラテン語に訳し、それを神に伝える必要があった。しかし、この考えに人々は疑いを抱きつつあった。そして聖職者ではないふつうの人々も、自分で神に語りかけようとした。神はいかなる言葉でも自分たちの祈りを聞き、理解してくださるのだと信じて。教会は、人々が自ら祈ることが一般的になりつつあることを受け入れざるをえなかった。とくに女性は、聖職者に聞かれたくはないことを直接万能の神に話したいと願った。しかし、物事を秩序だって行えない生き物である女性は、祈りを正しい順序や回数で行うには手助けが必要であると考えられていた。この頃聖ドミニコが作ったと言われているのが、数珠状のロザリオだった。女性や子どもが神や聖母マリアへの祈りを口にするときに、祈りを数える手助けとなるものだ。そしてロザリオにも、のちにローマ教皇の承認が与えられたのだった。

第4章

衣服と外見

中世社会においては、あなたの地位を示すのは身に着けているもの以外にない。だから正しい服装をする必要がある。Tシャツやジーンズやトレーナーは21世紀に残していかなければならないだろうし、女性であれば、ズボンやキュロット、ショートパンツの類はすべてはけない。女性にとってはスカートをはくことが義務なのだ。それは男女の別なく帽子や頭巾類についても同じで、ベッドに入る際にも着用しなければならず、商人や主婦であればエプロンを着けることも必要だ。女性は日曜日の晴れ着用のエプロンをもっている場合が多い。これはタイセイという植物で青く染めるのが伝統で、教会に着けていくエプロンだ。エプロンは社会的地位を認められていることのしるしであって、だから常に誇りをもって身に着けるのだ。エドワード4世は1463〜1464年に、娼婦がエプロンを着けるのを禁じる法律を制定した。娼婦がきちんとした主婦のふりをすることができないようにだ。

奢侈禁止法

簡単に説明すると、奢侈禁止法は14世紀に初めて導入された法律で、底辺層の人々が身分にそぐわない衣服を身に着けることで混乱が生じないようにするのがその大きな目的だ。金さえあれば、ブランドものであれなんであれ、好きなものを着ることのできる現代人にとってはまったくばかげた話だと思えるかもしれない。それから通勤時のラッシュアワーによくある割り込みや脇腹を肘で突くといった行為も、私たちにとってはありふれたものだ。だが中世では、たいていの人の職場は家から通りをふたつ行った程度しか離れていない。私たちにとっては日常のひとコマでも、ラッシュアワーのようなことが起きればそれはおそらく暴動と同じレベルで、鎮圧のために民兵が招集されるような事態だろう。

中世イングランドでは、通りにいるのがだれであれ、顔を伏せたまま人をかき分けて進むという行動はとってはならない。中世にはだれもが守るべき礼儀作法というものが存在する。奢侈禁止法が必要なのも、それが理由だ。

外を出歩くときの人々のふるまい方は身分によって決まっている。王に対してはすべての人

「エプロン（apron）」は本来は「ナプロン（napron）」といった。これは食事中に、スープをこぼして服を汚さないように身に着けるナプキン（napkin）のことだった。同様に「n」が取れる変化が起きたのが、「樫の木（noak から oak tree へ）」や「オレンジ（norange から orange へ）」だ。

が道を譲る。馬に乗っている場合は、通りを行く王の邪魔にならないように馬から降りて脇によって道を空け、帽子を取っておじぎをする。歩いている場合も脇に避け、帽子を取ってひざを曲げ、王におじぎをする。実際には、社会的階級が上の相手にはすべて道を譲る必要があり、自分に対して身を引き帽子を取ってくれるのは、自分よりも下の身分の人々だけだ。しかし周囲にいる人たちが社会的身分のどの階級に属するのか、どうすればわかるのだろう？　もしトムもディックもハル王子（若き日のヘンリー5世）もみな絹やベルベットやオコジョの毛皮の服や、濃い青（いわゆる「ロイヤルブルー」）に染めた服や深紅や帝王紫のものを身に着けていれば、階級制度全体が崩壊してしまう。だから、なにをどのように身に着けるかということがとても大きな問題であり、奢侈禁止法も存在するわけだ。[1]

　最初の奢侈禁止法が制定されたのは14世紀のことで、多くの貴族たちの要求によるものだった。当時、ロンドンの通りでは商人たちが貴族よりもずっとぜいたくなものを身に着けていて、これに貴族たちは大いに気分を害していた。身分の低い一般庶民は豪勢な外見に惑わされて、こうした商人たちに道を譲って、領主に対するものよりもずっと仰々しいおじぎをしていた。領主たちの身なりが商人たちに劣っていたからだ。これは放ってはおけない事態だった。領主たちは不満だった。商人たちは儲けすぎだ。それに手広く事業をやっている商人が領主よりも立派な衣服をあつらえる力をもっているのは、領主に落ち度があるせいでもなかった。14世紀後半は貴族階級である領主たちにとっては困難な時期だった。地代を払っていた農民や雇っている労働者たちがペストで命を落としたり、生き残った人々は地代の値下げや仕事の賃上げを要求したりで、領主たちには以前ほど着飾る余裕がなかったのだ。

国王リチャード2世が1382年にアン・オブ・ボヘミアと結婚したとき、アンは祖国から随員たちを伴っており、新しいファッションやスタイルもち込んだ。貴婦人の優雅な乗馬法として、横向きに座るサイド・サドルを導入したのもアンだとされている。アンの祖国ボヘミア王国から来た紳士たちは、つま先が長くとがった靴を履いていた。イングランド紳士たちはこの靴を「クラコウ（cracow）」と呼んだ。そうした靴がクラクフ（Krakow）――当時はボヘミアの都市だった――発祥だったからだ（フランス人は「プーラン」と呼んでいた）。それから1世紀経つ頃、つま先がとがった靴はイングランドでまだ盛んに履かれていたが、そのつま先は滑稽なくらい長くなっていて、先端を、めっきの鎖でひざの下に縛り付けておかなければならないほどだった。履いている本人が長いつま先につまずいて、首の骨を折るといけないからだ。国王エドワード4世はこの極端な靴の着用を制限することにしたが、つま先を長くする

つま先がとがった靴を履いた人々

流行はすっかり社会に根付いていて、とくに若者たちを従わせるのは難しかった。エドワード4世が法律を制定したのは一度ではない。１４６３〜１４６４年にかけて定めた最初の法律では、靴のつま先の長さを規制しようとした。新法では、領主よりも下の身分の者は5センチよりも長いつま先の靴やブーツを履いてはならなかった。

靴屋は規定の長さを超えるつま先の靴を作ることを禁じられた。これに違反した者を裁くのは治安判事や代官で、罰金はすべて、王室の経費にまわされることになった。この法律は、少数派の貧しい貴族たちとその下の身分の人々に関するものでしかなかったが、しかし、つま先の長さに関する法律が2、3年のあいだに何度も再発布されているところを見ると、これをしっかりと守らせるのは難しかったようだ。１４６３年の法律にはこうある。「ロンドン市内、あるいはロンドンから3マイル（約4・8キロ）四方の靴職人や靴の修理職人はみな、加入者であろうとなかろうと「皮革職人ギルド加入の如何にかかわらず」、「１４６４年の」復活祭の祝日以降は以下に従うこと……靴やガロッシュ（寒さや水気を防ぐためにふつうの靴の上につっかけて履く、底に厚い木や革をはった靴）、フージアズ「太ももまでの長いブーツ」はいかなるものも、そのつま先の長さが2インチ（約5センチ）までという基準を満たすべきであり、これは同組合［ギルド］の監事や長によって検分されること[2]」

しかしこうした法律の施行にはいくつも問題があり、それは靴にかぎったことではない。ひとつには、流行は変化するのが常で、今日の規制がテクノロジーの進歩についていくのが大変なように、奢侈禁止法も新しい流行や外国から入ってくる新しい服には対応できない。だから、15世紀と16世紀のあいだ絶えず法律を改定しなければならないのである。次に、サテンや毛皮を買う余裕のある有力市民は、ドレスコードを破ったことに罰金を科されたところで、そうしたぜいたく品を買う気が失せるわけではない。法による取り締まりも行ってはいるのだが、実際には法律が無視されている方が多いのだ。さらには、流行を取り締まる、いわばファッション警察の役割をもつ側の問題がある。

この問題についてはおもしろい解説ができそうだ。この法律の運用はまさに、近隣の人々の監視の目によって行われる。ジェーンの場合はこうだ。ジェーンの夫は、日曜日の礼拝に列席するジェーンに新品の立派なドレスを着せて、同じ身分にあるロンドン市民の仲間に見せびらかそうとしている。

ジェーンのドレスは輸入物の高価な生地であるキャムレット（ラクダやヤギの毛から作った織物）と絹とリネン（亜麻布。亜麻の一種）を使って作ったもので、またロシアから輸入したクロテンの毛皮で縁取りしてある。さらには、こうした立派な生地に使われるのは高品質の染料だが、このドレスの深紅の色は東ヨーロッパのカイガラムシを原料にしており、これも高価なものだ。夫は魚屋ギルドの裕福な一員であり、そうしたドレスを買う財力がある。しかし夫もジェーンも奢侈禁止法のもとでは、こうしたぜいたくなドレスを着る身分ではないのだ。だがそんなことは気にしない。ジェーンは新しいドレスを着て教会へ行き、みながそれを誉めてくれる。隣人のアリス以外は。ジェーンへのねたみでアリスは頭がどうにかなりそうだ。教会の礼拝が終わるとアリスはシェリフのもとへ飛んで行き、自分の小教区には身分にまったくそぐわないドレスを着ている者がいると告げ口する。その日の午後、シェリフはジェーンのもとを訪れて、ジェーンには違法なドレスを差し出すように、また夫には6ペンスの罰金を支払うように命じる。その金は市の財源となるが、ではドレスはどうだろう？　ドレスは、情報提供の報酬としてアリスに与えられるのだ。とはいえアリスの夫はしがない刃物師で、そのためアリスにぜいたくなドレスを着る資格がないのはジェーンと同じだ。しかし翌週の日曜日、アリスはその深紅のキャムレットのドレスを着て教会へ行く。するとジェーンはアリスのことをシェリフに告げ口する。シェリフは再度6ペンスを市の金庫に入れ、ジェーンはドレスを取り戻して翌週これを着ていく。すると……。

　領主の息子や官吏、あるいは少なくとも年に100ポンドの地代を得ているジェントリ以外はみな、ベルベットやサテン、ダマスク織（文様を織りだした紋織物の一種）といった高価な生地の衣類を身に着けることを禁じられている。地代が年20ポンド以上あれば、衣類の縁取りにサテンやダマスク織、キャムレットを使うことができるが、本体には使えない。問題は、15世紀になると成功する商人が増えて貴族よりも裕福になっている点だ。身分を超えた結婚もさらに問題を複雑にしている。貴族は商人の富のおこぼれにあずかりたいと思っているし、商人は称号や高い身分にあこがれている。その解決策として、領主の貧乏な次男や称号をもたない息子が裕福な商人の娘と結婚するのだ。しかしそうした結婚で生まれた子どもたちは社会階級のどこに属するのか？　子どもたちは領主という身分をもってはいない。しかし、称号を有している父方の親族よりもぜいたくな暮らしを送る財力はある。さらに奇妙なのが、その財力を評価する方法だ。地代による年収と商取引で出る利益が同額であっても、地代の方がステータスが高いとみなされるのだ。国王エドワード3世の統治期である1363年に制定された奢侈禁止法では、年に200ポンドの地代を得る地主と、1000ポンドを稼ぐ商人を同等だと規定している。法が軽んじられるのも無理はない。

エドワード3世（1363年制定）とエドワード4世（1462〜1463年に制定）の奢侈禁止法では、娼婦と品行方正な婦人とを明確に区別するため、性を生業とする女性は裏地なしの縞模様の頭巾をかぶる（それにくわえ、エプロンをつけてはならない）ことを命じている。また既婚女性は髪を覆うという習慣もあるため、髪をまとめていなかったり覆っていなかったりする女性は、性的にふしだらで悪いことを企んでいる「だらしない」女性ということになる。布告はたびたび行われ、新しい法律が次々と制定されている事実は、権力者側が手を焼いていることの表れだ。身分制度を維持し、道徳や倫理を守らせ、イングランド経済を外国からの輸入品から保護し、また流行の行き過ぎを抑制しようとする闘いに勝つのは至難の業だ。とはいえ、14世紀にさかのぼるさまざまな奢侈禁止法のかなりの部分が19世紀に入るまで法令集に載っていた。ひょっとしたら、現代に残っているものもありはしないだろうか。たとえば私は今朝、髪を覆わずにスーパーマーケットに行った。だらしない女だと見られはしないだろうか？ それから先週、週に5日も肉料理を食べてよかったのだろうか？ 奢侈禁止法は衣類のぜいたくを制限するだけでなく、口にしてよいものまで規定し、身分が低い人々は頻繁に肉を食べることは許されていなかったのだ。

どのような服を着たらよいか？

衣服は当然、羊毛やリネン、絹といった、天然の繊維でできたものになるはずだ。身分が高ければ、これらの混紡を使ってよい。そうした衣服は「手入れが簡単」でも「アイロン不要」でも、「取れない折り目」でも「ドリップドライ（絞らずそのまま干して乾かすと、しわもできずアイロン不要の合成繊維の服）」でもないとは思うが、とはいえすべての服はアイロン不要だ。なにしろアイロンはまだ発明されていないのだから。羊毛の服はとにかくどんなタイプも洗うのが大変だが、これから見ていくように、これはそれほど大きな問題ではない。リネンの衣類やシーツ、テーブルクロスやナプキンその他は、洗ってまだ湿っているうちにしっかりと引っ張ってしわを伸ばし、乾いたらきっちりたたんで、使うまで戸棚に入れておく。きちんとやれば、リネン類はなめらかになり、しわがよらず、「アイロン」をかけたような状態になる。過去の生活再現者である私自身の経験から言うと、天然の繊維は、扱いさえ正しければとても着心地がよいと断言できる。冬には温かく、夏には涼しくてとても快適だ。

羊毛製品は洗うのが難しい。水に浸すとふやけて重くなり、形崩れしたり縮んだりするので、そもそも汚れないようにすることが重要だ。このため、肌に直接触れるように羊毛製品を身に着ける例はほとんど見られない。肌に触れると汗を含み臭うからだ。だからリネンの下着は必須の品で、着替えをあつらえる余裕のない最下層の人は別として、たいていの人は毎日着替える。大きな衣装戸棚をもっている裕福な人々は、日に2、3回下着を替える。彼らは下着を何枚もそろえるだけの財力があるし、自分で洗濯する必要もないからだ。女性や、男女にかかわらずまだひとりでトイレを済ませることができない子どもは、リネンのスモックタイプの長い下着を着ける。これはシフトやシュミーズと呼ばれることもある。長さはさまざまだが、子ども用はひざくらい、女性の場合はふくらはぎかそれより下にくるくらいで、通常は長袖だ。シフトの上に羊毛製の服を着ると羊毛が肌に擦れてチクチクしないし、またシフトが汗を吸うので上に着る服が汚れない。

近年、歴史家のルース・グッドマンが、テューダー朝の農夫の妻の暮らしや衣服、仕事を3か月経験するという実験的なテレビ番組が製作された。衣類は16世紀以前のものとほぼ同じだ。ルースは手と顔を頻繁に洗ったが、入浴やシャワーはせず、香り付きの化粧石けんや消臭芳香剤は使えなかった。ルースはリネンの下着と頭巾や帽子を週に一度替えて、羊毛の靴下は月に一度しか替えなかったが、それでも21世紀の撮影クルーがくさいと言って近寄れないことはまったくなかった。一方、別の再現者は毎日シャワーを浴び、シャンプーや消臭芳香剤を使ったが、撮影のあいだ、ずっと同じテューダー朝式の下着類を着けていた。その番組が進行するにつれ、周囲の人々はだんだんその人物に近づかなくなっていった。体を洗い、石けん類を使っていたにもかかわらず、悪臭を放つようになったからだ。ルースは炉で薪を燃やすときの煙の匂いがしたけれど、そのほかは、周囲にまったく問題なく受け入れられた。[3] だから覚えておこう。下着はできるだけ頻繁に交換することだ。

中世の文書にはいくつか「胸用の袋（breast-bag）」に言及したものがありはするが（ひょっとしたら、娼婦が胸を大きく見せるためにパッドを入れて胸に着けていたのかもしれない）、中世の女性にはブラジャーやショーツに相当するようなものはなかったと考えられてきた。だが2008年にオーストリアのレンベルグ城で発見されたものによって、この考えを改める必要が生じた。15世紀に張られた床板の下に、すき間風や物音を防ぐためのボロ布が詰めてあるのが見つかった。そのなかに、ブラジャーとショーツと思われるものがあったのだ。[4]

中世の男性はアンダーシャツと、ひもで締めるぶかぶかしたボクサーパンツのようなものを身に着けており、これはすべてリネン製だった。思い出してほしい。中世にはゴムはないので、留めたり締めたりするものにはすべてテープやタイやピンやひも類がついている。アンダーシャツの上に男性はもう1枚シャツを着ることもあり、おそらくは刺繍や縁取りがしてあって、そのシャツは人に見せるのが目的だ。これは直接肌に触れるような着方はしない。そうしないと頻繁に洗う必要が生じ、それでは飾りが傷んでしまう。

中世イングランドではみな靴下やストッキングをはいている。男性用のものは長く、アンダーシャツの裾《すそ》にくくりつけるようになっている。2本の長い靴下は実質、1本のズボン（パンツ）を半分に分けたものだとも言え、それぞれをアンダーシャツに縛りつけ、股間にはコッドピースを着けて見えないようにした。この頃のコッドピースは、あくまで正しい位置に着けるべき簡単な当て布にすぎない。しかし16世紀にはヘンリー8世がコッドピースを「大」流行させた。ヘンリー8世が国王でなかったら、たぶん、その仰々しいコッドピースで彼は笑い者

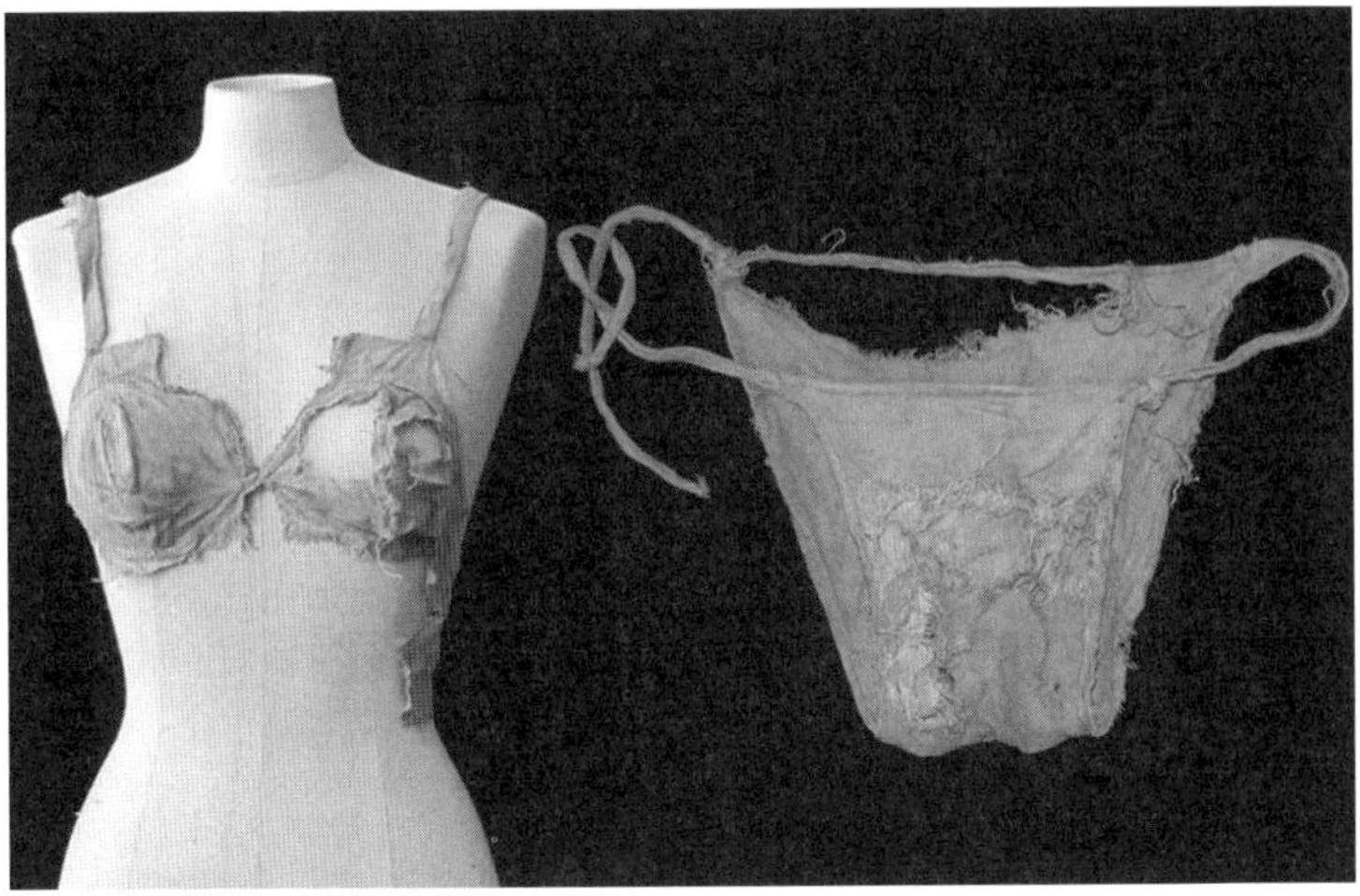
15 世紀のブラジャーとショーツ。オーストリアのレンベルク城で見つかったもの。

になっていただろう。

女性用の靴下は男性用よりも短い場合が多く、ひざ上くらいでガーターで留め、そのガーターは適切な位置にむすんで留めるか、裕福な女性の場合は留め金付きのガーターを使用している。

下着の上に身に着けるものはその時の流行や個人の財力によって変わる。冬には、裕福であれば羊毛や、羊毛と絹などほかの繊維との混紡で作ったものになるだろう。夏にはリネンや絹が涼しい。女性は、長いチュニック（カートル）を着けるのが一般的で、その上にゆったりとして長い上着（サーコート）をまとう。流行は変遷するものだ。中世の大半の時期にはこの上着は腰の位置でベルトで締めたが、15世紀にはそれよりも高くウエスト

◉ガーター勲章

騎士道において最高位にある「もっとも高貴なガーター勲章」は、1348年に国王エドワード3世が創設したものだ。エドワード3世はアーサー王の円卓を再現したいという思いがあった。これに叙せられた24人の騎士団が身に着けた勲章はご婦人のガーターだ。こういう逸話がある。国王があるご婦人と踊っていたとき、そのガーターが外れて床に落ちた。宮廷の人々は、国王がその女性のガーターにいたずらしたに違いないと陰で笑った。しかし王はそれを拾い上げて自分の脚に着けるとこう言って人々を戒めた。「悪意を抱く者に災いあれ（Honi soit qui mal y pense)」。そしてこの文句が勲章のモットーとなったが、しかしこのガーターが外れた女性がだれだったのか、確かなことはだれも知らない。

で締めるスタイルがはやる。袖は腕にぴったりのものや長く垂らすタイプがあるが、取り外しがきく袖もあって、このタイプは上着の肩の部分にむすびつける。どの上着にも付けられるので、恋人からプレゼントされて一番うれしいのが取り外しのきく袖ひと組だ。

男性は、庶民であればざっくりした生地で作ったジャーキンなど短い上着を着る。おしゃれな男性は、シャツの上に格好のよいダブレット（袖付きの体にぴったりした上着）をつける。その上に長い上着をはおる場合もある。上着の長さは年齢やその時の流行によって大きく異なる。一般には、若者は短い——ときには下品なほど——上着を着て、年寄りは長い上着を着てひざが冷えないようにするのを好む。床まで届くほど長い服は裕福さを見せつける手段でもある。布をたっぷりと使う財力があるということだ。

金に糸目をつけないなら、他人が必ず目にする上着はとても高価な布で作るべきだ。絹やベルベット、サテン、タフタ（表面が光沢のある絹織物の一種）、ブロケード、ダマスク織や、もちろん金襴《きんらん》（ブロケードもダマスクも金襴も、種々の織り方や糸質を使い文様を織りだした高価な織物）など異国からの輸入品を使うのだ。金襴とは、金糸を絹に織り込んで美しい模様を出した織物だ。染料でもっとも高価なのは深紅、鮮明な青（ロイヤルブルーのような色。もっともロイヤルブルーはまだないが）、紫の色を出すものだ。15世紀も終わりに近くになると、真っ黒な服を身に着けて財力をアピールすることが流行になる。黒の染料はとても値が張るだけでなく、黒は色あせるのも早いので、漆黒の上着を着ようと思えば常に新しいものでなければならず、またほこりや糸くず、ふけがつかないように常に気を配る従者を伴う必要があるのだ。

フランスのおとぎ話「シンデレラ」では、主人公がガラスの靴を履いて舞踏会に出かける。実際にはこれは「ヴェール」（vair）の靴だった。英語に翻訳する際に「vair」がフランス語でガラスを意味する「verre」と誤植されていたのだ。ガラスの靴では踊れるはずもないだろう。

寒い季節には、上着の内張りや縁飾りに毛皮が欠かせない。奢侈禁止法には使ってよい毛皮の種類も定められている。粗末で簡単に手に入るネコの毛皮はだれが身に着けてもよいが、それ以外の毛皮の多くはバルト諸国からの輸入ものだ。クロテン、シロギツネ、アーミン（冬毛のオコジョ）、ミニバーなどは最高の毛皮だ。ミニバー（またはヴェール）とはキタリスの腹部の白い毛皮だ。

ひものむすび方

女性の場合、上着の締め方でどういう人物であるかがわかる。上着は前や後ろ、あるいは両脇でひもで締めるようになっていた。教会が、夫婦ができるだけ多くの子をもうけることを神の教えとし、避妊は邪悪なことのみならず信頼性がないのだと説く時代には、既婚女性は頻繁に妊娠する。ひもを脇でむすぶやり方はマタニティウェアとして最適で、お腹が大きくなるのに合わせてひもをゆるめて調整できる。後ろにひもがある場合はひと手間必要で、ひも通しの小穴にひもを通してから上着を頭からかぶって着るが、自分でできないことはない。とはいえ後ろでむすぶタイプの上着は、着替えを手伝う召使いがいる身分だというアピールである場合が多い。一番一般的なのは前でひもをむすんで締める上着で、よく飾りボタンがついている。

靴ひもをむすぶのと同じで、上着のひもを前でむすぶにはふたつの方法がある。一番速いのは、ひもの両端を合わせて同じ長さになるようふたつに折り、ひも通しの一番下の小穴に通してから、上に向かって、ひもを交差させて両側の小穴に通していく。上着を脱ぎ着するためには、ひもはほどかずにただゆるめるだけでよい。もうひとつは少々時間がかかる。まず短くとったほうのひもの端を一番上の小穴に通す。それから長くとったほうの端を反対側の一番下の小穴に通し、そこから小穴に通しながら上へと向かい、一番上まで来たら、反対側にある短いほうの先端とむすぶ。このやり方ではひもは交差せず、水平にわたすことになる。きちんとした女性はこの時間がかかる方の「水平にわたすむすび方（straight-laced）」（straight-lacedには「お堅い、道徳的」という意味がある）を使う。一方、娼婦が交差させる締め方を使うのは、それは手早く、何度も服を脱ぎ着する必要があるからだ。

服はどこで手に入れるのか？

中世イングランドに着いたらまず、できれば、その時代にふさわしいものに着替えることを考えてほしい。そうすればその時代の人らしく見えるから。しかし、自分の服がその時代に合っていないと気づいた場合には、古着屋をのぞくことをお勧めする。売っているのは古着だが、気にする必要はない。他人のおさがりを着ても恥ずかしくはない時代だ。衣類は遺言で譲られる場合が多く、子どもや召使いに譲り、教会に寄付され、そうでなければボロボロになるまで着る。よい古着屋は衣類に適度にブラシをかけ、しみ抜きをして、必要であれば細かい補修を施している。早くこの時代の服を手に入れたいなら、古着屋が店に出しているものから選ぶのが、「既製服」を買う唯一の方法だ。

14世紀初頭には、衣服はとても値が張る。イングランドはまだ布地を国内生産していないからだ。イングランドは羊毛で有名だが、その羊毛はすべて輸出されていて、多くはフランドル地方やオランダへと向かい、そこで加工されて布地になり、イングランドがそれを輸入する。このため、王室の人々でさえ布地を節約する必要があった。エドワード2世の王妃イザベラに関する財務府の支出会計記録からは、床をひきずって歩くせいで長いドレスの裾がほつれたときに、裾だけ新しいものにして以前からのドレスにそれをつけたことがわかる。実際、取り外しのきく裾があって、それをドレスに留められるようになっていた。14世紀後半に、エドワード3世の王妃、フィリッパ・オブ・エノーが祖国フランドルの人々を説得し、その織物技術をイングランドにもち込んだ。そして国内生産できるようにイングランドの人々に羊毛生地の織り方を教えた。それ以降布地は、少なくとも羊毛生地は値が下がりはじめたのである。

新しい服の購入は手早く済ませるというわけにはいかない。まず訪ねるのは布地屋だ。布地屋はさまざまな品質の国産羊毛生地から、前述したように外国からの輸入布までを扱う。欲しい衣類のタイプと奢侈禁止法で許される範囲を考慮した上で材料の生地を選んだら、生地がどれくらい必要かを見積もってくれる。売り上げを伸ばそうと、必要以上のものを提案してくる布地屋もいるので気をつけよう。だから買う前には、値段の上限を決めておくといいだろう。

生地を買ったらそれを仕立て屋にもっていく。仕立て屋は、宮廷で着ている服の襟足や腰回り、袖のデザインについてもよく知っているし、庶民向けの、日常生活で着るもっと実用的な服も仕立てることができる。こんなデザインはどうかと、服の小さな見本を見せてくれるかもしれない。どのようなデザインに決めるにしろ、仕立て屋は客の身長や胸囲、腰回り、腕の長さ、それにとくに男性は脚の長さを測る必要がある。現代のようなメジャーはない。客にはそれぞれメジャー代わりの太いひもが用意されている。それに名前を書き、身長や胸囲などのサイズに合わせてむすび目を作り、客専用

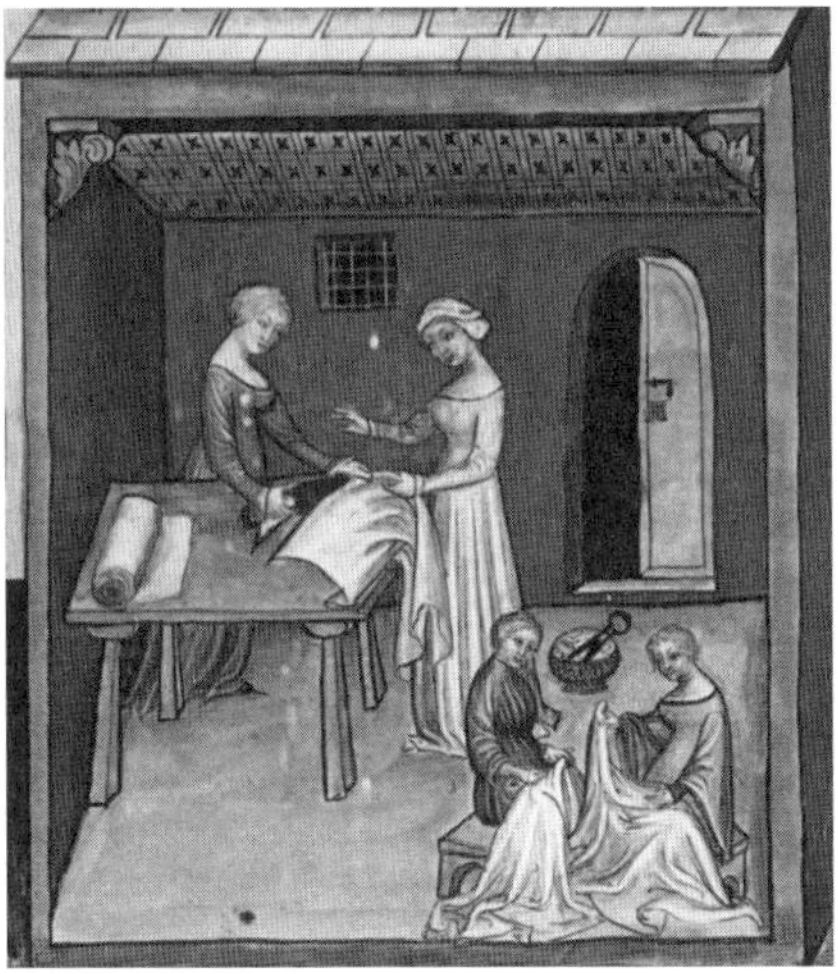

客のために布を断ち縫っている女性の仕立て職人

のメジャーを作るのだ。このメジャーを使って仕立て屋はあなたが選んだ生地にしるしをつけて、裁断し、縫っていく。残った端切れを取っておくことは、仕立て屋の特権とされる場合が多い。残りの端切れで服に合った財布を作りたければ、注文の最初にそれを確約しておく必要がある。代金は余分にかかりはするが。また、袖口や装飾にはほかの客の端切れを使ってよいと言えば、仕立ての代金は少々安くなることもあるだろう。服の仮縫いができたら、縫い合わせる前に体に合わせに行く必要もあるだろう。縫製はもちろんすべて手縫いだ。

服に組みひもやリボンその他の装飾をつけたければ、自分で用意して仕立て屋にもっていかなければならない。そうしたものは小間物商で買うか、絹を扱う女性職人であるシルク・ウーマンが注文に応じて作ってくれるはずだ。ここまで聞けば、新しい服を手に入れるのに時間がかかることがわかるだろう。

衣服の手入れはどうすればいいか?

長い時間をかけ、忍耐の末大変な苦労をして手に入れた新しいドレスは、十分に手入れする値打ちがあるものだろう。序文で述べたとおり、立派な服はトイレに吊るしておくと蛾が寄ってこないとされている。主婦や職人であれば、服が汚れないように大きなサイズのエプロンを着けるのもいい考えだ。
ジョン・ラッセルが15世紀に著した『養育の書 *Boke of Nurture*』（1460〜1470年に書かれた）には、洋服の傷みや形崩れを防ぐための教えがこう書かれている。「主人のワードローブ（トイレ）にしっかりと注意を払い、衣服をよい状態に保ち、ブラシをかけて清潔にしておかなければならない。やわらかいブラシを使い、またあまりかけすぎると生地がすぐに傷むので注意すること。羊毛生地や毛皮は、少なくとも週に一度はブラシをかけたりはたいたりすること。蛾は常になかに入り込み卵を産みつける機会をうかがっている。だから常に、布地や皮革はじっくりと調べること」

『メナジエ・ド・パリ』（パリの裕福な商人が、若い妻に料理や家政について教える指南書、1395年頃）の著者は妻に、自分の服に着いた油やシミは、白ワインかホワイトビネガーで取るとよいと教えた。

おわかりの通り、衣服をよい状態に保つにはある程度の努力が必要だが、そうすれば長もちする。長もちするから、多くは遺言で譲るのだ。

肌や髪の手入れはどうする？

21世紀では、中世の人々は薄汚れていて顔や体をめったに洗わないと考えられているようだが、それは間違いだとわかるだろう。毎朝、少なくとも顔と両手、首を洗うように言われるだろうし、さらに足を洗うことも多い。食事の前と食べているあいだ（必要であればフィンガーボウルを使う）、それに食後には念入りに手を洗わなければならない。

入浴は頻繁には行わない。それは大量の湯を沸かすのが大変であることが大きな理由だ。浴槽までバケツで何杯も湯を運び、入浴後にはまた浴槽を空にしなければならない。だがもちろん、高貴な身分であればそれをやってくれる召使いがいる。国王ヘンリー3世はウィルトシャー州クラレンドンにある自身の城に、タイル張りの浴室まで作っていた。ジョン王は冬でさえも2週間に1回入浴し、入浴日には風呂係に日当13ペンスを支払った。普段は5ペンスだったが、入浴日となると仕事が増えるからだ。

王ほど身分が高くない人々が入浴する場合は、樽を半分に切って作った浴槽にささくれが刺さらないようにリネンのシーツをかけて、腰かけを置く。入浴についてもジョン・ラッセルが、夫や主《あるじ》その他のための風呂の準備と入浴の手順を指南している。

主が入浴して体をきれいに洗いたいと言ったら、天井からシーツを吊るして浴槽を囲い、浴槽のまわりすべてを花や甘い香りのするハー

消臭剤がないのを我慢できないなら、薬種業者がアルム石（ミョウバンが結晶化したもの）を売っている。汗をかいたらこれを腋にこすりつけ、そのまま乾かすとよい。

ブの葉で飾る。浴槽には腰を下ろすための海綿を5、6個用意し、その上からシーツをかける。そうすればしばらくは温かい湯につかれるだろう。そして海綿が余分にあるなら足の下にも敷く。それからドアは開けっ放しにしないよう気をつけること。浴槽を温かできれいなハーブ湯で満たし、体をやわらかな海綿でこすり洗いし、上等のローズウォーターで流し、さらにローズウォーターを浴槽に注ぐ。それが済んだら寝室へと向かわせる。だがベッドも甘い香りを漂わせ、寝心地よくしておくこと。まず、火のそばへ行って足ふきシーツの上に立たせ、清潔な布で体をふいてやってから、靴下とスリッパを履かせてベッドへと連れて行く。これで疲れもいやせる。

ジョン・ラッセルは夫婦で一緒に入浴することは提案していないが、これは楽しく人気があって、当時の大きな木製浴槽では経済的な入浴法でもある。浴槽で腰を下ろすのに海綿は必需品だった。浴槽のささくれから体を守るのだ。

前述したとおり、ハーブ湯で洗うと肌と髪の状態を良好に保てる。だが大量の皿洗いや洗濯、磨きの作業をしなければならないなら、手の保湿剤が必要となるだろう。皮膚のただれや乾燥肌は軟膏（salves）で治療する。この「salves」という名称は、シソ科のハーブである「セージ（Salvia officinalis）」が由来だ。軟膏の基本材料はセージとガチョウの脂だからだ。軟膏には

中世の風呂（復元）

マリーゴールドの花弁をくわえることも多く、これはハンドクリームにとくによいとされている。

　戸外で働く場合、ＳＰＦ30の日焼け止めローションなどない。しかしそれほど日焼けはしないはずだ。少なくとも１枚の服や布が常に手足を覆っているし、必ず葦や藁で編んだ日よけ帽をかぶらなければならず、これは簡単に手に入る。中世の生活を再現すべく戸外で過ごしてみると、私の場合は、髪を帽子のなかにまとめ、服の襟元がかなり低くて背中の上のほうが露出しているため、日光に一番さらされるのは首だ。しかし、大きく四角いリネンの布を用意し、首にまわして前で両端をむすび、残りを服の後ろ襟にたくしこむと完璧な日焼け防止になる。これは正真正銘、中世版カーチフ（装飾や頭を覆うために用いる正方形の大きな布）だ。

第5章
食べ物と買い物

なにを食べればよいのか?

中世イングランドでは、自分たちの食べ物を用意する手順が現代とは大きく異なることに慣れる必要があるだろう。21世紀には、朝食や昼食、夕食、それに軽食に食べようと思うものは、少なくとも週に1回スーパーマーケットに行って一度に買ってくる。市民菜園や自分の菜園があれば、野菜や果物を数種類育てたり鶏を飼って卵を採ったりするくらいはあるだろうが、そうでなければ、欲しいものはなんでも買って済ます。自分で野菜を栽培した経験があれば、1年中いつも同じ野菜が手に入るわけではないことに気づくだろう。そして中世ではこの事実が、なにをいつ口にできるかということに大きく影響するだろう。また、人々はできるだけ自分で育てたものでやりくりしようとし、買うのは自宅で作れないものだけだ。
ほとんどの家にも、ロンドンのようなごみごみとした都市でさえも、少なくとも小さな菜園があり、ここで自分たちが食べるものをできるだけ多く栽培しようとする。必要以上に野菜が収穫できれば、余分なものは売るか、隣人の野菜と交換していつもの料理に少々変化をくわえる。種を蒔き、草むしりをして菜園の世話をするのは主婦の仕事だ。また野菜を干したり塩漬けや酢漬けにしたり、燻製にしたりと、冬用の保存食を作る知識ももっていなければならない。そうやって備えていたとしても、食品庫が空に近くなることはある。晩春や初夏は保存食が尽きかける頃だが、新しく植えた野菜はまだようやく育ちはじめだ。だからこの時期は、裕福な人々以外はみな、食べ物が乏しくやせている。

イラクサの若葉の先はホウレンソウと同じように調理して食べられる。古い葉はリネンを染めるのに使えて、淡いグリーンになる。硬い茎は乾燥させて皮をはぐとひもとして使える。

「雑草」や野草はすべて、だれでも利用可能だ。だから、生垣や森、道路脇ではただの食材が手に入る。とはいえ、共有地がどこで、どの地域が地元の領主のものか確認しておいたほうがよい。でないと困ったことになるはずだ。
サクラソウとスミレの花は食用になり、これを使えば冬の保存食の残りもので作った食事の見栄えがよくなる。ヒナギクとスミレは軟膏にして打ち身の手当てに使う。野生のニンニク(ラムソン)は4月から

5月にかけて花が咲き、葉と花はスープやソースのとてもよい香りづけになる。セロリとよく似た馬セロリ（アレクサンダー）は早春に花が咲く食べられる草で、道路脇に生えている。とはいえ中世ではこれを調理用の野菜として菜園で栽培している。ファット・ヘン（太った鶏、鶏のエサにすることから）やグッド・キング・ヘンリー（良王ヘンリー）といった名をもつアカザの仲間も栽培野菜が野生化したもので、煮込み料理に使うことができる。中世イングランドでは実質すべての植物が食用にできるのだ。

料理には、現在ハーブと考えられているものはもちろん、あらゆる植物が使われている。キャベツ（カボッシュ）、カブ、ラディッシュ、それにビーツの根（これは葉も食用にできる）、パースニップ、ノラニンジンやタマネギはみな煮て調理する。セージやミント、パセリ、スイートシスリー、タイムやローズマリー――ローズマリーは14世紀に再びイングランドに入ってきて以降――もそうなのだが、これらは今日私たちがハーブとして使っているものだ。エンドウ豆をはじめとする豆類も欠かせない。収穫後に乾燥させれば何年も保存でき、肉がない食事ではたんぱく源となるからだ。

貧しければ、肉はめったにないぜいたく品になるだろう。豆類にくわえてたんぱく源となるのが硬いチーズだ。ここで言っているのはスキムミルクで作った本当に「硬い」チーズのことで、こうしたチーズは食べる前に水に浸けてやわらかくすることが必要だ。またこのチーズは炉の上部の梁《はり》にのせておけば常にスモークされて長もちし、ときには遺言で次の世代に残すこともあるほどだ。クリームチーズやカッテージチーズといったやわらかいチーズは裕福な人々のテーブルにのぼるものだ。できれば、少々金がある身分になっておいしい食事を食べたいところだ。

序文で述べたように、田舎の住民も町の住民も多くがブタを飼っている。春に子ブタを買って、夏のあいだ生ゴミをエサにして育て、それから11月に屠畜してもらう。肉は燻煙してハムにしたり、塩漬けにしてベーコンや塩漬け肉を作ったり、乾燥させて中世風ポークスクラッチング（豚の皮を煎ったスナック）にしたりする。また切れ端はソーセージにして血はブラックプディング（血を材料として使うソーセージ）に使う。ピッグ・トロッター（豚足）は人気のストリート・フードで、また頭はゆで、肉をとってブローン（肉をゼリーで固めたもの）を作る。クリスマス・ディナーのテーブルの中央にはイノシシの頭が置かれるが、ブローンは、貧しい人々がそれに替えて食べるものだ。なにひとつ無駄にはしない。とはいえ豚肉ばかりだとあきてくるので、多くの家庭はブタの一部を売って、ほかのものを買う金にする。

主食――パンとエール

だれもが日々の生活に欠かせないのが穀物だ。肥沃な土地では小麦と大麦が栽培され、やせた土地ではオーツ麦とライ麦が穫れる。この４つの穀物はどれも挽いて粉にし、日々の主食であるパンを作る。大麦は麦芽にしてエールの醸造にも使われる。オーツ麦はポタージュの基本食材だ。ポタージュとは濃いポリッジ（穀類を水や牛乳で煮た粥）のようなスープで、このなかにはハーブや野菜や肉や魚類はなんでもくわえてよい。このポタージュはオーツ麦ではなく小麦でも作ることができ、この場合はフルメンティと言う。ライ麦パンは濃い茶色であまり人気はないが、ライ麦粉に小麦粉を混ぜて焼いたものは、毎日よく食べられている。領主しか口にできなかった小麦粉のみの真っ白なパンも、15世紀にはだれもが食べたがるようになっている。

食事では毎食パンを食べて、しかも自家製の、かまどから出てきたばかりの焼きたてのパンを食べられると思いたいところだろう。しかしそううまくはいかないかもしれない。パン生地を作るための穀物の粉とイーストさえも、いつもさっと用意できるわけではない。穀物を挽くという作業をしなければ粉にはならない。田舎では石臼を使って自分で挽く場合が多いが、一部の荘園領主は粉挽き場を所有している（第2

白パンは領主だけが口にしてよいもので、自分たちの手には入らないことが庶民は不満だった。オーツ麦やライ麦など未精製の穀物で作った茶色いパンは労働者たちの食べ物であって、それは領主が口にできるようなものではない、というのが領主たちの言い分だった。そうした未精製の穀物を食べるとおならが出るので、上品な上流階級にはふさわしくないからと言うのだ。

章で述べたように)。粉挽き場では領主と粉挽き人が、農民が挽いた麦の重量に対して一定の利益を受け取る。これが不人気な理由はおわかりだろう。また粉挽き人は、少なくともこの頃は、貪欲で狡猾で、自分の分け前以上のものをぶんどるのが当たり前なのだ。

穀物を挽くか、挽いて粉にしたものを市場で買ったら、水さえあれば生地を作ることができ、これに塩少々となんでもよいので香味料をくわえる。生地をこねたら小さく丸いパンにまとめて、それを炉で熱した石の上で焼き、平たいパンやオートケーキなどを作る。貧しい人々はこうしたものが日々の主食だ。だが現代人の口に合うのはふくらし粉を使ったパンだろう。パンをふくらませるイーストはずっと昔からあり、21世紀にもほとんどのパンに使われている。使わないのはソーダブレッドやサワードウブレッドくらいで、これらは少々作り方が異なる。イーストはたまたまエール醸造の副産物なので、ふんだんにある。エールが発酵すると、液体の表面に泡のようなあくができる。これは「酵母」で、パン生地にくわえたり、次のエールの醸造に使ったりするのに十分なイーストが含まれている。

経験豊富な中世のパン屋は、どれくらい生地をこねて、どれくらいの時間寝かせておけばよいか知っている。だからそれに合わせて生地をこねて成形し、焼く準備をする。小さなパン(現代のロールパンくらい)なら、炉で熱した石を土鍋で覆って小さなかまどにできれば、そこで1個ずつ焼ける。しかし家族全員分の大きなパンの山を焼くときにはこれではうまくいかない。生地の芯が焼けないからだ。この場合は「パン焼き用」のかまどが必要だ。

こうした中世のかまどを使う際にはマニュアルがあるわけではない。ほかのあらゆる調理手順と同じく、経験が最高の教師だ。焼く食べ物がなんであれ、その前にかまどのなかで火を焚き内部の温度を上昇させる。その間にパン生地やパイ生地その他の準備をする。経験からかまど内部の温度がどうやら上がったようだとわかると――かまど開口部前のどのあたりならじっと立っていられるかが一番の判断材料になる――熱い灰を掻き出してパン生地を入れる。木製の扉を閉じたら、パン生地の残りを扉とかまどのすき間に詰めて熱が逃げないようにする。詰めた生地がカラカラになって落ちたらなかのパンは焼けているはずだ。パンをかまどから取り出したら内部の熱を無駄にしないこと。次にはパイ、それから小さなケーキも焼ける。パイやケーキを焼いたあとでも、かまどにはハーブ類の乾燥や、枕に詰める鶏の羽根の寄生虫を死滅させるのに十分な熱が残っている。

中世のパン焼きかまど

パンはおそらく底の部分が灰で黒くなっている。この灰はよく払えば大丈夫だが、目上の人に出すような場合は、底のすすっぽい部分は切り落とす必要があるだろう。上流階級の人々を「upper crust（パンやパイの上皮）」と呼ぶのはここから来ている。パンの底部分を食べるのは庶民だけだからだ。

おわかりのように、パンを焼くのは簡単な作業ではなく、真っ赤な灰を掻き出す際はとくに注意が必要だ。現実に大きな危険を伴うので、ロンドンのように家が密集している都市や町では個人の家にかまどを備えるのは禁じられている。火事になってほかの建物に燃え広がる危険があるからだ。

このように災害発生のリスクがあるため、しっかりとした技術をもったパン屋のみがかまどを備えることを許され、またこの商売は都市や町の外で行われる場合が多い。家でパン生地をこねたらパン屋にもって行くと、そこにあるかまどでほかの客の生地と一緒に焼いてくれる。このため自分のパンだとわかるように、各家庭ごとにパン生地に模様や文字を入れるしきたりがある。昔のわらべ歌「ケーキをこねてたたいて、パン屋さん Pat-a-cake, Pat-a-cake, baker's man」でもこう歌っている。

ケーキをこねて、たたいて、パン屋さん
超特急でケーキを焼いて

生地をこねて、つついて、それから「B」のしるしをつけてね
そしたらかまどで焼いてね、赤ん坊と私のために

パン屋ではパイやビスケットやケーキも焼いてくれるが、不正行為には気をつけよう。ロンドンでは、パン生地をこねるテーブルに小さな落とし戸をつけていたことが発覚して、パン屋が訴えられるというケースがあった。パン屋がテーブルで生地のこね作業の仕上げをしている最中に、客が見ているその前で、テーブルの下に隠れた徒弟が落とし戸から生地をひとかたまり盗み取ったのだ。つまりパン屋は盗んだ生地を使って、材料費をかけずにパンを作るというわけだ。告発されたのはパン屋だけではない。その落とし戸付きのテーブルを作った大工たちも同じく罰金を科されたのだった。

自分で生地をこねずにパン屋が作ったパンを買うこともできるが、この場合も気をつけること。本来の重量よりも軽いパンを売って罰金を科されたバクスター（女性のパン屋）の一団がいた。小さなパンは1ダース単位で買うが、このバクスターたちはその後、客に代金分の価値があると保証するために、12個の値段で13個売ることを求められた。「13」は今も「パン屋の1ダース」として知られている。ほかにも、評判の悪いパン屋になると、金属のかけらをパン生地に埋め込んで重量を増し、「パン基準法」のもと行われる立ち入り検査をすり抜けるといった

例もあった。この法律は、一般庶民に販売するパンに対し、イングランド全土に共通する規格を定めたものだ。パン屋が店で使う麦の粉に混ぜ物をしているのもよくある話だ。挽いたドングリや豆類や、チョークの粉さえも混ざっているのだ。だから地元のパン屋と懇意になっておいたほうがよい。そうすれば信頼関係ができ、本物のおいしいパンを焼いてくれる。

穀物――通常は大麦――はエールの醸造にも使われる。中世イングランドではエールの醸造も女性の仕事であり、家庭で行われる規模の作業だ（こうした規模のエール醸造はテューダー朝期まで続くが、この頃ホップをエールにくわえてビールを作るようになる。ホップには防腐剤としての働きがあり、ビールはエールよりも長もちする。このため、工業規模での醸造も可能になって、男性もこの作業を担うようになる。しかしホップには苦味があり、この新しい飲み物が人気を得るにはもう少し時間がかかるのだ）。家庭での醸造であってもかなりの設備は必要で、それを備えるだけの余裕がある家庭ばかりではなく、またそれを保管しておくスペースも必要だ。さらには一定の強さで火を燃やし続けることも必要で、このため燃料代もかかる。こうした理由から、少なくともロンドンでは、成功した商人の妻が醸造を一手に引き受けている場合が多く、それを「小遣い」稼ぎにしている。エールができたら、まず地元のエール検査官が試飲して品質を確かめ、エール基準法に照らして計量する。そして各家庭の必要量よりも余分にできたエールは、すべて一般に販売することができる。このため、当時のエールハウスは、次にエールを醸造するまでの期間に、今日はここ、明日はあちらというように突然姿を現すタイプであることが多いのだ。

専門家から自家製エールの作り方を学ぶまでは（努力を惜しまずにおいしいエールを作りたければだが）、パンの場合と同じく、地元のブリュースター（女性醸造家）と懇意になっておくほうがよい。人によって作り方は少々異なるだろうし、季節によっては甘味のあるハーブをくわえたり、クリスマスなど特別な行事向けにはスパイスをくわえたりもするだろう。あなたにしても、自分好みのエールを作ろうといろいろ試してみることだろう。そして、不正を働くブリュースターもいれば、信頼できるブリュースターがいるのもパン屋と同じだ。

食べ物はどう調理するのか？

中世の調理法は、現代の私たちが知っているものとほとんど同じだ。揚げる（fry）、ゆでる（boil）、焼く（bake）、煮込む（stew）、あぶり焼き（roast）したり炒ったり（toast）だ。「broil」や「seeth」という言葉も使われるが、これはゆでる（boil）や蒸す（simmer）と同じようなものだ。肉や野菜はたいてい二度熱を通す。下ゆでしてから揚げたり焼いたりするのだ。食物はみな軽く調理するのではなくしっかりと熱を通し、「アルデンテ」というものはない。中世の食の専門家は生の新鮮な果物は危険だとみなしているため、木や茂みからもいでそのまま食べるのではなく、調理するよう助言している。また、21世紀ではなじみのある食材、とくにアメリカ大陸産のものは、中世の料理には登場しない。たとえば、ジャガイモやサツマイモ、トマト、ピーマンやパプリカ、トウガラシ、甘味種のトウモロコシであるスイートコーン、アヴォカドに——とても残念なのだが——チョコレートなどだ。だががっかりすることはない。ブランデレル（blaunderelles、白リンゴ）やチボル（chibol、ネギの仲間）やヤツメウナギが食べられる。[1]

中世末期になるにつれ、レシピ（recipe）（「レシート（receipt）」と呼ばれた）が書かれて人々が利用するようになるが、分量や調理時間が記されていることはめったにない。これは、料理をする人たちが一般には計量の道具をもたず、ポンドやオンスで物を量ることができないからだ。小麦粉は袋単位で、牛乳は水差しで、バターは塊で買う。ごく少量の単位できちんと量って仕事をするのは鍛冶屋だけだ。計量は、すべて目分量と経験で行う。調理時間についても同じだ。またかまどを使うにしても炉で調理するにしても、温度計はない。熱が通ったり焼けたりする頃合いを見計らう必要がある。残念ながら最下層の人々は文字の読み書きができず、レシピは彼らにとっては意味がない。つまり、現存するレシピや料理書はすべて、文字を読める裕福な人々向けのものなのだ。ここに紹介するのはブランマンジェのレシピだが、とはいえ現代のようなカスタードを使った甘い菓子ではない。ブランマンジェとは「白い食べ物」という意味で、やわらかい鶏肉、コメ、アーモンドと砂糖というぜいたく品を使う豪華なレシピだ。

〔長粒種の〕コメを2、〔挽いた〕アーモンドを1の割合で用意する。コメをぬるま湯で洗い、チキンストックでやわらかくなる少し手前までゆでる。挽いたアーモンドに別に用意したチキンストックをくわえ、アーモンド「ミルク」を作る。コメを湯切りして冷ましておく。鶏胸肉をゆでて細かく刻む。アーモンドミルクを漉したものにコメをくわえて沸騰しないように熱する。これに鶏肉をくわえ、さらに鶏の脂を溶かしたものを少々足して料理にコクを出し、煮詰める。塩と、手に入ればコショウで味を調える。皿によそったら砕いて炒ったアーモンドを飾り、精製糖少々を振りかける。[2]

砂糖を使うことに驚くかもしれないが、中世の人々はスパイスのきいた料理に平気で甘味をくわえるし、砂糖とスパイスは豊かであることのシンボルであって、だから機会さえあれば使うのだ。

紹介したレシピは、国王リチャード2世とそのおじのランカスター公ジョン・オブ・ゴーントが１３８７年９月23日に催した饗宴の買い物リストに比べればたいしたことはない。肉や家禽のリストには仰天する。雄牛16頭、子牛14頭、ヒツジ１２０頭、イノシシ12頭、ブタ１４０

頭。それからシカ肉が3トンと3ドウ（これが実際にどれくらいの分量なのかは不明だ）、白鳥50羽、ガチョウ210羽、さまざまな種類の鶏1000羽超、子ヤギ6頭、500羽近いウサギ、ハト1200羽、それにキジ、サギ、サンカノゴイ（サギ科の鳥）、シャクシギ（シギ科の鳥）144羽、ヤマウズラ144羽、ツル12羽、さらに「十分な」野鳥（さまざまな種類のカモ）、牛乳120ガロン（約552リットル）、クリーム12ガロン（約55.2リットル）、カード（ソフトチーズのようなもの）11ガロン（約50.6リットル）、リンゴ12ブッシェル（約432リットル）、それから……卵1万1000個だ。

豪華な宴であったに違いないが、どれだけの客が招待されていたのかはわからない。だからリチャード2世の料理長に、この饗宴の準備についてインタビューしてみよう。

料理長殿、昨日の饗宴のための買い物リストを拝見して非常に驚いています。王室のキッチンでの作業について教えてもらえますか?

作業だと? 料理は立派な技術であり芸術だ。スキルと手際のよさを要する。そこらの不器用な労働者と一緒にしないでほしい。その点は大事だ。

ですが、タマネギの皮をむいたり鍋を洗ったりする仕事もあるはずですよね。

そうした仕事をするのはキッチンの下働きだ。作品の創造が私の仕事だ。昨日の饗宴では人の背の高さほどもある城を作ったが、胸壁もあれば跳ね橋や煙を上げる大砲まで備わった完璧な城だった。それはすばらしいものだ。ランカスター公が感想を述べられたほどのできだった。お前は見たのか？

いいえ、招かれていませんから。ですが、そのすばらしい城についてもっとお聞きしたいです。どのようにして作ったのですか？

城は4つの異なるパイからできている。みな種類が違うぞ。大型のポークパイは四角形でこれを中心に置いた。生地はサフランで黄色に染めたよ。これは本丸だ。もうひとつはスイートパイで丸型。アーモンドを使った生地はサンダー（紅木《こうき》［マメ科の広葉樹］）で赤く染めた。

それはサンダルウッドのことですか？

そうだ、サンダルウッドだ。それからもうひとつは丸型のフルーツパイで、イチジク、干しブドウ、リンゴ、ナシを使い、かまどでこんがり焼いた。4つめは、スイートアーモンドを細かく砕いて作った背の高いパイで、パセリの汁で緑色に染めた。このパイ3個を塔にして本丸の周囲に置いたんだ。

なぜ塔は4つではないのですか？

そんなことも知らないなんて、お前はばかか？　三位一体を表しているにきまっているだろう。

ああ、そういうことですね。では、胸壁と跳ね橋はどのようにして作ったのですか？

これは塩を混ぜ込んだ生地を使って固く焼いて、それからほかのパイのように色を付けた。それをアイレン液で貼り付けたんだ。

アイレンとは？

卵だ。私たちケント州出身者はアイレンというんだ。

では大砲はどのように、料理長殿？ どうやって作ったのですか？

ああ、本当のところは秘密なんだが、こういう次第だ。本物の火薬をなかに仕込んだんだ。まあ、その話はもういい。私の手元にはきらびやかな飾り羽根をもつ孔雀が1羽いて、それと並べ置く素晴らしいコカトリスもあるんだ。

不機嫌な表情で肉切り包丁を振るう料理人

コカトリスとは？

ああ、しゃべりすぎてしまった、出ていけ！ 私の仕事場のキッチンにお前を入り込ませるわけにはいかん。奇跡のような作品を創るところなんだからな。あっちへ行け。そうでないとこの杓子で殴るぞ。なまけ者のごろつきめ[3]！

コカトリスまたはコケントリスにはふたつのパターンがあり、目にするとしたらそのどちらかだ。雄鶏の上半身を子ブタの下半身に縫い付けたもの、あるいは上半身が子ブタで下半身が雄鶏のものだ。それを串差しにして火であぶる。肉が焼けてきたら、卵黄を溶いて料理長殿が解説したような食用の染料で色付けしたものを塗る。サフランの黄色、サンダルウッドの赤、パセリの緑、正式な宮廷料理向けには、ターンソールという植物を使って帝王紫に染める。あるいは本物の金箔を卵液でコカトリスに貼り付けてさらに飾り立てることもあり、またぜいたくなミートボールのコーティングとしても金箔は人気がある。金箔は食用にでき、そのまま体から排出される。掃除人と言われる人々はトイレを浚《さら》って生計を立てており、便から金箔を取り出すのはその仕事の特典のひとつだ。

食べ物や日用品はどうやって買うのか？

自分の菜園で栽培したり生産したりできない食材はすべて市場で手に入れなければならず、つまり買い物にでかけることになる。中世初頭には店舗はまだない。日用品はみな市場に一時的に立つ露店で売っている。あるいは商品をのせたトレーを首からかけたり頭にのせたりして売って歩く人々から買う。こうした行商人はハクスター（huckster）と呼ばれ、あまり信頼はおけない。それはパイパウダー・コート（行商人裁判所）で裁かれる多数の例でわかるとおりだ（第10章参照）。市場が立つのは週に1回か2回の場合が多いが、法律で、一定の範囲内にある町はそれぞれ違う曜日に市場を出さなければならないとされている。また辺鄙《へんぴ》なところを除いては、市場はそれぞれ13キロほど離れていなければならない。日中であれば、生産品を売ったり必要なものを買ったりするために往復25キロあまり歩くのは、まったく問題ない。そのためには健康でなければならないが。

また、こうした初期の市場では物々交換が行われるのがふつうだ。家で飼っている鶏が産んだ卵1ダースと菜園で穫れたハーブの束や余分な麦汁《ばくじゅう》があれば、靴の修理に使う四角い革や、新しいホーンスプーン（動物の角で作ったスプーン）や丸く成形したチーズが手に入る。物々交換から代金を支払う売買への移行は徐々にしか進まず、また常設の専門店が登場するのは中世後期のことだ。食品を扱う最初期の店（このあと解説する）のひとつが乳製品を売るもので、こうした店には、とくにチーズからバターへと風味が移らないように、種類別に陳列しなければならないという厳格な規則がある。15世紀のロンドンでは、乳製品はセント・ポー

中世のパンやパイ生地はすべて食べられるというわけではない。前述の城の胸壁を作ったようなパイクラストは、小麦と塩とを同量ずつ混ぜている。こうすると固い容器ができて、なかに詰め物をすることも可能だ。焼きあがったら容器にしていたパイクラストをとり外し、中身だけを取り出す。パイクラストは廃棄して食べない。

ル大聖堂の身廊にある露店で販売されている。古い石造りの建物は夏でも涼しく保たれ、このためバターが溶けず、牛乳やクリームも傷みにくいのだ。

　怪しいパン屋やブリュースターを避けるのと同様、商品の買い占め屋や転売人と言われる人々にも気をつけなければならない。料理人のエドモンド・カドンは1366年12月1日に、ロンドンの市長裁判所に出頭した。彼はその前週の日曜日に、リーデンホール市場で1時課の鐘が鳴る前にガチョウを買ったかどで告発され、市の規則に違反したとして刑務所送りになった。[4] カドンの罪は、市場が正式に開いて売買がはじまる前に商品を買う「買い占め」の例だ。このときは、市場が開くのは、1日のはじまりを告げる早朝6時の教会の鐘（1時課）が鳴ってからだった。

　1374年1月30日には同じ裁判所で、家禽商ジョン・ワステルの裁判が行われた。「外部の」――たとえばロンドン以外の――家禽商から、彼らがビリングスゲート市場に到着する前に家禽を買って、「商品を買い占めた」のだ。ワステルはシャクシギ6羽、マガモ1羽、コガモ12羽と「鳥22羽を10竿」（ガチョウや鶏の脚を棒に縛り頭を下にして吊り下げたもの）を買った。彼は買った鳥をすべて没収され、6シリングと半マークの罰金（6シリング8ペンス）を支払うまで投獄されることになった。ワステルはその日のうちに罰金を支払って釈放された。[5]

　転売人はさらに悪質だ。転売人は、たとえば基準法に満たないパンや食用に適さない魚な

中世の市場の再現

ど、評判のよい商人なら売り物にしない品を彼らから買い上げ、しかも非常に安く手に入れるのだ。それからそうした品々を、正規の値段をわずかに下回る値で売る。規格にあったきちんとした品を買う金のない貧しい人たちにとって、その値は魅力だ。しかし彼らが手にできるのは、食べれば体に害をおよぼす危険もあるような二流の食品だ。

大きな町で初めて店舗と言えるものを出したのはコショウ商人（ペッパラー、pepperer）で、のちには食料雑貨商（grocer）と言われるようになる。彼らのギルドは設立も早い。コショウ商人ギルドは１１８０年にロンドンで設立され、１３４５年には食料雑貨商名誉組合となる。「コショウ商人」と呼ばれるのは、一番利益が出る主力商品のひとつがコショウだからだ。「grocer」または「grossore」（食料雑貨商）という言葉は彼らの商売の仕方を表している。品物を大量に（en gros）仕入れて、卸し、そして小分けして客に売る。第2章のレスター伯夫人との会話に出てくる買い物リストから分かるように、取り扱う商品の種類は驚くほど多い。東洋のスパイス、砂糖、コメ、アーモンドは彼らが売るぜいたく品のほんの一部で、レーズンやスグリ、イチジク、ナツメヤシやサクランボといったドライフルーツも輸入し、食品以外の染料や顔料、また薬の材料まで扱っている。

食事を調理する時間がなかったり、市場に出かけているあいだにお腹がすいたりしたら、15世紀になればたいていの町に少なくとも1軒や2軒は料理屋があり、そこで出来合いの食事を買って、店内で食べたりもち帰ったりできる。15世紀にジョン・リドゲートが書いたとされる「ロンドン・リックペニー London Lickpenny」という詩を紹介しよう。この詩は、裁判所にもめごとを訴え出るため、ケント州の田舎からウェストミンスターに出てきた貧しい若者のことを語ったものだ。若者はすぐに、金がなければ都会ではなにもできないことを悟る。この詩は夕食時の様子を教えてくれる。

それからまもなくウェストミンスター・ゲートへと行った
日はまだ高かった
料理人は俺に目をつけ、
パンとエールとワインと
脂ののったうまそうな牛のあばら肉を勧めた

料理人たちは立派なテーブルクロスを広げようとしたが
金がない俺には手が出なかった

俺はロンドンへと急いだ
大都市ロンドンへ
「熱々のさやえんどう！」だれかが叫びはじめる
「熟れたイチゴもあるよ！」それに「枝付きのサクランボ！」
別の売り子は俺に、こっちへ来てスパイスを買えと言う
コショウにサフランを買っておくれと
けれど金がない俺には手が出ない

中世の町では外食も可能だ。しかしそれはそうするだけの金をもっていればの話で、外食をするのは必要な場合にのみだったようだ。おいしい外食でロマンティックに夜を過ごすというわけではないのだ。

金《かね》、重さと長さの単位

ポンド、シリング、ペンス（12ペンスが1シリング、20シリングが1ポンド）が通貨単位だが、驚くことにポンドとシリングに相当する実際のコインはなく、ヘンリー7世の世になった1489年にようやく、20シリング（1ポンド）に相当する最初の金貨が鋳造されて「ソブリン金貨」と呼ばれた。中世の人々は現代の私たちが知らないコインを使っている。マークだ。マークは13シリング4ペンスの価値がある。ノーブルと呼ばれる金貨はエドワード3世の統治期に造られ、6シリング8ペンスの価値があり、つまりは半マーク、または3分の1ポンドだ。1464年まではイングランドで（おそらくはヨーロッパで）一番高額なコインで、エドワード4世統治期のその年、ノーブル金貨はローズ・ノーブル金貨（またはロイヤル金貨）となりその価値は10シリングに増すが、重量は大きく増えてはいない。同時に、別の金貨──重量が軽いエンジェル金貨が発行される。表面に、悪魔のドラゴンを退治する大天使ミカエルの像が描かれているコインだ。この金貨は6シリング8ペンスの価値があり、また3シリング4ペンスのハーフ・エンジェル金貨、1シリング8ペンスのクォーター・エンジェル金貨もある。

身分の低い人々にとっては、こうした金貨を目にする機会があるとしても、ごくわずかだろう。庶民の財布に入っているのは4ペンスの価値しかないグロート銀貨がせいぜいで、この銀貨は半分やあるいは4分の1に割って、2ペンス相当のコイン2枚、1ペンス相当のコイン4

枚とすることもある。庶民に一番使われているのがペニー銀貨だ。これも半分に割ってハーフ・ペニー、あるいは4分の1ペニーに相当する「フォーシング」とすることがある（私たちになじみがある呼び名はファーシングだ）。銀貨には十字模様があるので正確に半分や4分の1に割ることが可能だ。銀貨の図柄は王の顔で、これは１２７９年にエドワード1世によって導入された一般的な図案であり、テューダー朝までこのデザインが続いている。

重さと長さの単位は中世に生まれた人でさえも混乱する。だから現代人のあなたなら、よくわからなくて当然だ。ここに紹介するのは14世紀に発せられた法令だ。「イングランドのペニーは本年半ばから小麦32粒分の重量、またオンスは20ペンスであるべし。さらに12オンスが1ロンドン・ポンド、8ポンドはワイン1ガロン分、ワイン8ガロンは1ロンドン・ブッシェルである」。なんだこれは、と思うだろう。それはあなただけではない。

商品のなかには重さを量るのではなく言葉で説明するものもあるようだ。サーモンを買う際には「人の腕くらいの太さ」、木材は「人が運べるくらいの多さ」、干し草や藁は「人がかつげるくらいの量」という具合だ。ロンドンでは、布はヤードと手の幅分（the yard and handful）という単位で売っている。布地屋がヤードに満たない長さの布を売ると訴えられるので、その心配がないよう手の幅分を足しているのだ。ロンドンで１１３３年から毎年8月に開催されている有名な聖バーソロミューの市は、本来は布の市だった。だが１４００年代になると、考えつくあらゆるものを買える場所になっている。ガラスの食器、皮革製品、サルやオウムといった異国のペットや、天体観測器のアストロラーベといった科学機器まである。だがこの市ではいまだに、マーチャント・テイラー（布の仕入れから仕立てまでを引き受ける服屋）独自の公式な寸法測定具である、シルバー・ヤード尺を堂々と使っている。この市で使われているのはすべて、検査を受けた正式なヤード尺のはずなのだが。

おそらくは購入するときに一番頭を悩ませるのが石炭だろう。これは袋、馬荷、荷、コーフ（石炭運搬用の籠）、パーチ（体積の単位）、フォザー（荷車1台分の荷）、コールドロン、キープまたはバージ・ロードという単位で売っている。[6]中世イングランドにいるあいだにどうにかこの単位が理解できたら、現代に戻ったときに、お願いだからそれを私たちに解説してほしい。

第6章 健康と医療

中世のイングランドは必ずしも健康的な場ではない。とくにごみごみとして不衛生な町や都市部では、疫病がつきものというのが現実だ。しかし田舎になると空気がきれいで、汚染といえば、近隣の家畜が生活用水に入ったり川で排尿したり、あるいは洗濯屋の女性が使う石けんで小川が汚れたりするくらいだ。しかし、21世紀にはほぼ存在しないような健康問題もあって、気をつけなければならない。この時代には畑に撒く殺虫剤や殺菌剤や除草剤、それに人工肥料もない。健康的な生活のようにも思えるが、しかしそれも、自分の食べるものにとってそれがなにを意味するかを理解するまでだ。つまりは、キズのないリンゴや虫食い穴がないホウレンソウもないだろうし、カビは深刻な危険をもたらしかねない。麦角《ばっかく》病は雨の多い季節にライ麦が罹る病気だ。この病気に罹ったライ麦のパンを食べると幻覚やヒステリー症状が現れることがある。村中がそうなれば深刻な事態だ。

作物には有害な雑草が紛れ込むこともあり、また穢れた作物は小さく、栄養もあまりない。肥料（あるのは有機肥料のみだ）は不足し、領主の畑にのみ使用する場合が多いからだ。だから自分たちの排泄物は家庭菜園や自分の地条用にとっておくのだが、ここにも健康問題が潜む。寄生虫だ。人間の腸に棲むさまざまな寄生虫——たとえばサナダムシや回虫——の卵は便とともに排出されて土壌に残る。そこで穢れた作物は食べる前にしっかり洗わないと、それについた卵が口から入って新しい宿主が生まれるかもしれないのだ。

非常に高貴な人々であっても、その腸には寄生虫が棲みつく。2012 年、レスターで考古学者が国王リチャード 3 世の遺骨を発見したとき、国王の腸があったと思われる部分に、回虫による深刻な感染の形跡が見つかったのだ。

ノミ、シラミや南京虫などなじみの深い寄生虫もごくふつうにいるが、中世の人々には、そうした虫にある程度効果があるハーブについての知識がある。ノミ除け草やラベンダー、カワラマツバはみな役に立ち、これをマットレスの詰め物にしたり床に敷いたり、服にはさんだりして使う。中世の旅に出る前に抗マラリア錠剤の服用を済ませていないなら、ラベンダー水を蚊除けにしよう。これはイングランド南部の湿地帯では大事なことだ。この地域には蚊が多く、マラリアを媒介する危険もある。とはいえ中世の人々はこの病気を「悪寒」を意味するさまざまな名で呼び、マラリアというものはないのだが。

寄生虫が引き起こす病気のほかにも、命が危険にさらされるようなできごとは日常的に起こりうる。作物の収穫時に不慮の事故が起きて大鎌で体の重要な部位を切断するといった大ごともあれば、親指にトゲが刺さるといった小さなものであるかもしれない。抗生剤についての科学的知識がまったくない時代には、どんなに小さなものでもケガは感染症や敗血症、あるいは死につながりかねない。しかし安心してほしい。手だてがなにもないわけではない。中世の人々が抗生剤のことなど聞いたことがないからといって、それに相当するものがないわけではないのだ。傷はワインで洗う。できれば赤ワインのほうがよい。中世では、赤ワインは濃い赤色の液体であることから、血をたくさん作って失われた分を補い体を「元気づける」と考えられているが、都合がよいことにワインは消毒液としての働きをもつ。

外科医には開放性の創（体表面「皮膚など」が欠損、損傷したもの）の治療法の知識があって、ミズゴケやクモの巣を使って完治させるのだが、ミズゴケもクモの巣も抗生剤としての性質をもつ。外科医は傷の縫合や焼灼《しょうしゃく》（焼いて治療すること）のスキルも有している。クモの巣は出血を止めるのにも使う。血を固めてかさぶたにする働きがあるからだ。真鍮のポットに数日間入れておいたビネガーを利用した療法もいくつもある。ビネガーが真鍮の銅成分と反応すると塩化銅ができ、これも抗生剤としての働きが十分にある。またハチミツを塗り込むと傷をふさぐ効果があるのにくわえ、ハチミツには傷を治す抗生剤や抗ウイルス剤の機能がある。

おそらくこうした効果の高い治療法のなかでも最高のものとされているのが（高価だが）竜血だ。おとぎ話の世界のことのように聞こえるかもしれないが、本当に存在するのだ。とはいえこれはドラゴンの血というわけではなく木から採れる赤い樹脂なのだが、樹脂が採れる木は竜血樹《リュウケツジュ》と呼ばれ、この木にまつわる伝説もある。極東にはこの木の仲間が数種あるが、中世イングランドではカナリア諸島からこの樹脂を輸入する。樹脂は布地の染料や塗装用の顔料、喉の薬として利用できる。竜血樹を傷つけると鮮紅色の汁が出てきて、この液状の樹脂が血のように見えるのだ。樹脂は固くなり、損傷を受けた部分の防護膜となってそこを守り、その間に傷は治癒する。しかしまた抗生剤や抗ウイルス剤、また抗炎症剤としての性質ももち、それも治癒を促す。人が怪我をした場合には粉末の樹脂をペースト状にしたものを傷の上に塗り付けて治療に用いるが、傷ついた木にも同じような処置を施す。

小さなヤケドを素早く手当てして痛みを抑えるためには、カタツムリを見つけてその粘液をヤケドした部分にこすりつけるとよい。粘液はカタツムリが傷つかないように守る機能をもち、カタツムリにできた切れ目や傷を治す働きももっている。それが人間にも同じように効くのだ。

かかりやすい病気にはどのようなものがあるか？

人々がごみごみと住んでいる町で暮らしていると、病気の大流行は避けられない。腸チフス、チフス、赤痢、はしか、猩紅熱《しょうこう》、ジフテリア、天然痘は、不幸にも驚くほど多くの命を奪ってしまう。なかでも恐ろしいのが、1348年に初めてイングランドに到来したペストだ。こうした病気に罹るのに地位は関係ない、王であっても一般人と同じだと思うかもしれないが、少なくとも、高貴な身分の人々は対策を講じる余裕がある。13世紀でさえ、汚物と病気との関係を人々は理解している。それがバクテリアやウイルスではなく「汚れた空気」のせいだという解釈ではあるが。このためきれいな家は健康的な家を意味する。裕福な人々は別宅へと出かけ、主人がいないあいだに使用人が家を磨きあげてきれいにすることもできる。しかし貧しい人々は、近隣に病人が出てもこうした対策はとれない。

ペストが発生したらどうするべきか。それにはふたつの考え方がある。ひとつは真剣に祈り、罪を犯さず高潔な生活を送る。そうすれば神が見守り命を助けてくださるかもしれないというもの。もうひとつは、できるかぎり人生を楽しむという考えだ。

ペストはノミにかまれることで感染すると知っていれば、ラベンダーやノミ除け草などの虫除け剤を気前よく使って予防でき、また友人にそうするよう勧めることもできる。

人口10万のロンドンで初めてペストが発生したのは1348年10月初旬のことだ。副検視官のジョン・ド・フォクストンが罹患者のひとりだったのも驚くことではないだろう。しかし国王エドワード3世は10月から12月までは、首都ロンドンやその近郊のウェストミンスター（その頃はまだペスト患者が出ていなかった）で過ごすことが多かった。国王の娘のジョアンはその少し前に、スペイン国王ペドロとの婚姻のため、スペインに向かう途上でペストに罹り命を落としていた。しかしエドワード3世は田舎に引っ込んで人との接触を断つどころか、ウィンザー、レディング、エルサム、カンタベリー、ベリー、それにリッチフィールドで貴族を大勢招待し、大がかりな馬上槍試合を催している。彼は「飲み、食い、楽しんだ……」人々のひとりだったようだ。神が守ってくださることを願って熱心過ぎるほど熱く祈り禁欲的な生活を送ったところで、たいして効果はないと思う側だったわけだ。まあ、聖職者たちが次々とペストで命を落としているような状況なのだから無理もないが。カンタベリー大司教が1348年8月に亡くなると――ペストが原因ではない――国王は自身の大法官（国璽を管理する重要官職）であるジョン・アフォードを大司教に据えることを望んだ。

正式に任命されたあとも、大司教アフォードはウェストミンスターの大法官府で大法官としての仕事を続けた。しかし1349年の春、ペストに苦しむロンドン市街に近接していたにもかかわらずまだ無傷だった政府所在地（ウェストミンスター）で、法務書記のなかに最初の被害者が出た。彼らを診察した王の主治医もすぐに病に罹って命を落とし、その後5月20日には大法官その人も亡くなった。大司教として聖別される前のことだ。今度ばかりは国王もオックスフォードシャーのウッドストックに引っ込み、法廷は6月15日から7月14日まで休廷となった。しかしエドワード3世は8月にはウェストミンスターに戻った。そしてその月のうちに、王はアフォードに代わるカンタベリー大司教として、トーマス・ブラッドワーディンをケント州のエルサム宮殿に迎えた。ブラッドワーディンはフランスのアヴィニョンから戻ったばかりだった。そこで教皇が大司教に任命したのだ。そしてすぐさまロンドンへと戻った。しかしエルサム宮殿からの短い旅のあいだに新しい大司教も具合が悪くなり、4日後、ペストで命を落とした。フランスで感染したものだった。おわかりのように、この災難に絶対に見舞われない人などいないのである。

どうすれば健康でいられるか？

あなたは運よくペストに罹らずに済むかもしれない。それにノミが好んでつく人がいるのは事実で、あなたがノミに好かれないタイプの可能性もある。また、21世紀からやって来たあなたは栄養が足りていて健康であるため、たとえペストに罹ったとしても、ほかの大半の人よりも生き残る確率は高いだろう。多くの病気同様、ペストも一度罹ればその先は免疫ができる。1361年に再びペストが大流行したときには、前回よりもはるかに多くの子どもたちが命を落としたように思えたのもそれが理由だ。最初の流行で生き残った大人は免疫ができているか、ノミが朝食にするのを好まなかったタイプだったからだ。

どれほど健康で体力があっても、私たちはみな、風邪をひいたり、頭痛がしたり喉が痛くなったり、胸やけがしたり発疹がでたり、ちょっとした病気になることはある。だから、あるとすれば、どんな治療を受けられるか知りたいだろう。住んでいるのが田舎の小さなコミュニティなら、助言と治療を授けてもらうのに一番頼りになるのは村のワイズウーマン（賢い女性。のちに魔女と言われるようになる）だろう。こうした女性はどの植物がどの病気の治療に役立つかの知識をもち、あなたのために「薬《シンプル》」を用意してくれる。この「薬」は一種類の薬草のみを原料とし、熱湯で煮立ててお茶のように飲むか、粉にしてガチョウの脂と混ぜて軟膏にして塗る、あるいは首のまわりにかけて厄介ものを寄せ付けない、または好きな人を引き寄せたりもするものだ。ワイズウーマンの治療法には魔法の呪文や幸運のまじないめいたものもあるが、それ以外は本当に効果がある。

たとえば、ワイズウーマンが使うシモツケソウという名の植物はイングランド全土の湿地に育つ。今ではあまり見ないが、中世にはごくふつうに生えていて多くの利用法がある。クリー

シモツケソウ。熱や頭痛をはじめとする痛みを抑えるのに効く

ム色がかった白い花が真夏に咲き、ハチミツの香りがしてミツバチを惹きつける。この草の茎や葉、花からは心地よくすがすがしい香りがして、床に敷くハーブとして人気がある。香りのよいカーペットや虫除けに利用するのだ。なかでもすばらしいのが、シモツケソウが含むアスピリン誘導体が非常に有効である点だ。これは頭痛を治し、熱を下げ、腫れをひかせる作用があるが、現代の、アスピリンを含む薬で胃が荒れるのとは違って胃壁の荒れを鎮め、だから胸焼けにも効く。

　町に住んでいるなら、治療が必要な場合は地元の薬種業者（中世の薬剤師）に相談すべきだ。薬種業者も薬《シンプル》を出してくれるが、そこには異国からきた薬の原料もさまざまなものが置いてあるので、原料をいくつか組み合わせた薬を試すように勧められることが多いだろう。そうした薬は効果があるかもしれず、また体によいどころか害を与えてしまうものもあるかもしれない。シナモンやショウガ、アニシードといったスパイスや、フェンネル、ディル（ヒメウイキョウ）といったハーブはみな胸焼けを鎮めてくれる。ベトニー（シソ科の多年草）やバレリアン（カノコソウ）は頭痛に効くし、気付け薬としての効能もある。しかし、キツネノテブクロ（ジギタリス）やトリカブト、ベラドンナは絶対に薬に使わせないようにすること。これらは命に関わる危険があることがわかっている。薬種業者はそれを知ってはいるが、しかし治りが悪い病気には、なんでも試してみる価値はあると考えられているのだ。こうした処方のほかに、少々――いや十分に――変わった治療法もある。ここに紹介するのは重い喉の感染症で、化膿性扁桃腺炎と言われるものの治療法だ。おそらくはこんな治療法は試さないのが一番だ。それが、治療に使う動物のためでもある。「化膿性扁桃腺炎の患者のために。太ったネコを捕まえてその皮をすっかり剝《は》ぐ。内臓をすべて取り出してネコの腹部を空にする。ハリネズミの脂とクマの脂、樹脂、フェヌグリーク（マメ科のハーブ）、セージ、スイカズラの粘液と純白の蜜蠟《みつろう》を用意する。これをすべて細かく砕いて、ガチョウに詰めるのと同じようにネコに詰める。それを火であぶって溶けた脂を集め、患部に塗る[1]」

　最悪の事態が起きて手術が必要になったら？　外科医は鼻にできたポリープも白内障も痔核も治せるし、骨折に添え木を当てることもできる。ただこうした施術は痛い。中世には麻酔薬はなかったんでしょう、って？　そんなことはない。あなたと外科医が危険を冒す覚悟があるなら、アングロサクソン時代にさかのぼる調合物があって、この時代にも使われている。外科手術のあいだあなたを眠らせる「ドウェール」だ。ここに、14世紀のこの麻酔のレシピを紹介しよう。「男性［あるいは女性］を手術のあいだ眠らせておくための、ドウェールと呼ばれる飲み物の作り方。イノシシの胆汁、ヘムロック（ドクニンジン）の汁スプーン3杯、スプーン3杯の野生のブリオニア（ウリ科の植物）、レタス、ケシ、ヒヨス（ナス科の植物）、ビネガーを用意する。これをよく混ぜ合わせ、しっかりとおこした火の前に男性［あるいは女性］を座らせて、眠りにつくまでこの調合物を飲ませる。そうすれば彼／彼女は安全に手術を受けられるだろう」

手術のあいだに痛みを感じないように、外科医が患者に酒を飲ませて酔わせていたという見方もあるようだが、それは間違いだ。中世の外科医は、アルコールが血液を固まりにくくするため、それを飲ませれば患者が出血で死にいたる危険があることを知っていた。

この麻酔剤に問題があるとすれば、有毒植物のヘムロックやヒヨス、それにケシが含まれていることで、その作用で患者が永久に眠りにつく危険がある。レタスでさえも催眠性をもつ。救いは、原料のひとつに下剤として強い効果をもつブリオニアがある点だ。この調合物の原料に命に関わるような有毒成分が含まれていても、それが消化されて体内に吸収されるより早く、患者の消化器系を通過して排出されるのを促してくれる。

寿命はどれくらい？

こうした危険な病気に罹ったとしてもそれを生き延びたり、あるいは命に関わるような事故や、麻酔のあるなしにかかわらず危険な手術をどうにか免れるとしたら、80代まで生きるチャンスは十分にある。そんなに？　本当なの？　そう思うかもしれない。また時間をさかのぼる旅に出かける前に、中世イングランドの寿命についてなんらかの資料に当たっていれば、そんなはずはないと思うだろう。しかし本当なのだ。問題は、幼児期の死亡が珍しくはない点で、この悲しいできごとを一度ならず経験する家族もいる。しかし無事に成長して10代になると、その後は寿命が一気に延びる。中世にやってきたあなたは、まず間違いなく子どもではないと思うので、最大の障害をすでに乗り越えているわけだ。

青年期の人々にとって、命を脅かす危険は男性か女性かで異なる。男性なら戦争で戦うこと、それから危険な作業、たとえば屋根葺き、材木の切り出し、狩猟や漁、あるいは雄牛や馬といった大型動物を扱うといった仕事だ。女性にとって出産は常に危険を伴う。出産の最中だけでなくその前後もそうだ。とても長生きする人々の大半が聖職者であるのはこれが理由だ。危険な作業もしなければ戦うこともなく、また修道女は子を産むこともない。カンタベリー大司教であるトーマス・バウチャー枢機卿は、正確な生年月日は不明ではあるが長生きした。1404年から1412年と情報源によって生年はさまざまだが、彼は1486年に亡くなっているのでかなりの長寿だった。とはいえ、聖書に書かれている70年という人の寿命を超えてなお礼拝に参列するというのは、聖職者ばかりとはかぎらない。

ヨーク公の未亡人セシリー・ネヴィルは、アジャンクールの戦い（フランスとの百年戦争中にフランスのアジャンクールで行われ、イングランド軍が勝利した）が行われた１４１５年の５月３日に生まれ、１４９５年５月31日に亡くなった。80歳の誕生日を迎えたすぐあとだ。夫のヨーク公リチャードが１４６０年12月にウェイクフィールドの戦い（薔薇戦争中の戦闘のひとつ）で命を落とすと貞潔の誓いを立て、「誇り高きシス」と呼ばれたセシリーだが、夫の生前にはセシリーはその義務を履行し子どもたちを産んでいる。無名の詩人が書いた当時の詩にはこうある。

さて、長く子が生まれなかったが
神はその恩寵である第一子のアンを授けた
子に恵まれず苦しんだあかしに
神はその先に次々と子を授けられ
ハリー（ヘンリー）、エドワード、エドムンドが誕生し
それに続きふたりの娘が生まれた
エリザベスとマーガレット。さらにはその後ウィリアムも

ウィリアムに続いてジョンが誕生したが
どちらも生まれるとまもなく神のもとに召された
次にジョージが生まれ、さらにはトーマスが誕生したが
天国へと昇っていき、そのあとに
リチャードが生まれ、そのあとさらに、末子として生まれたのが
ウルスラで、神の求めにより天に召された。[2]

この詩からは、子どもたちを何人も失い、またいく度もの妊娠と出産を経てなおセシリーが長生きしたことがわかる。彼女は頑健だったに違いない。冒頭で「長く子が生まれなかった」と言っているのは、ヨーク公夫妻がまだ子どもの頃に結婚したのが理由だろう。だが成長して本当の夫婦になると、セシリーは12人の子を産んだ。アンはエクセター公夫人、エリザベスはサフォーク公夫人、マーガレットはバーガンディ公夫人となり、娘のうち末子であるウルスラだけが子どもの頃に亡くなった。息子たちのうち、ヘンリー、ウィリアム、ジョン、トーマスは早逝したが、エドワードはマーチ伯、その後国王エドワード4世となる。エドムンドはラトランド伯となるものの、10代の頃に、ウェイクフィールドの戦いで父とともに戦死した。ジョージはクラレンス公に、そしてリチャードはグロスター公、のちに国王リチャード3世となった。

公爵夫人であるセシリーは出産に関しては手厚いケアを受けたに違いないが、12人の子どものうち大人になるまで生きていたのは7人だけだった。その生存率は50パーセントあまりで、それでも、貧富にかかわらず多くの家庭の子どもの生存率にまさっているのだ。

内科医はどれほど役に立つのか？

12世紀から大学で内科医を養成してはいるが、医学を教える大学はごくわずかしかなく、学生も数えるほどしかいない。資格取得には7年かかり、医師の資格を取得する者よりも「落伍者」のほうが多い。

オックスフォード大学設立は１１６７年頃。その学生のひとりが殺害されたあと、オックスフォードから逃れてきた学生たちによって１２０９年に設立されたのがケンブリッジ大学だ。どちらの大学にも医学生はひとにぎりで、イングランド人男性（女性はいないと思う）は外国へ出て医学を修める場合が多い。とはいえ15世紀のイタリア、ボローニャ大学――もっとも進んだ医学校――でも、内科医の資格を取得する者は年平均４人しかいない。

医学生は講義に出席して多数の書物を読む。その大半は古代ギリシアとローマで書かれた医学書だ。そして、ヒポクラテスやガレノス（皇帝や剣闘士の医師を務めていた）、アリストテレスが書いた章をひたすら暗記しなければならず、こうした古代の権威が書いた内容に疑問をもつことはない。試験はすべて「口述」で試験官と1対1で行われ、筆記試験はない。

しかしその知識は非常に古い情報源から得たものであったにもかかわらず、すべてが役に立たないというわけではない。ホリスティック医学がまさにそうだ。これは、明らかにわかる症状のみを見るのではなく、体全体を多様な視点から診て治療するものだ。基本的な治療には、食事、運動、睡眠、入浴や、特定の窓の開閉といったものまで含まれる。健康体であるためには体液――血液、粘液、黄胆汁《おうたんじゅう》、黒胆汁《こくたんじゅう》――のバランスがとれていることが必要だ。体内に冷たく湿った粘液が多い場合は、スパイスが利いた乾燥牛肉を食べてバランスをとる。熱い黒胆汁が多すぎる場合は、冷たく湿った魚で調整する。運動や睡眠、性交のしすぎは、少なすぎと同じくらい悪い。なにごとも「適度」が求められる。入浴は皮膚の炎症などに効果があり、症状をやわらげるが、運動とは「正反対」のものともみなされている。また天候にも体液のバランスに影響するものがあると考えられている。冬の気候は風邪（粘液の過多）の先ぶれで、このため窓を閉めて、冷たく湿った風を遮断するのは理にかなっている。暑い夏は体温を上昇させるので、窓を開けて涼しい空気を入れるよう

1278年にイングランド人のロジャー・ベーコンが敢然と、内科医は古い書物のみに頼らずに自身で調査研究すべきだとの提言を行った。教会側は、そうした乱暴で無礼な考えを抱くベーコンを投獄した。

勧められる。

　内科医は星の配置を学び、ホロスコープを作成できることも必要だ。中世のイングランドでは、神の御導きのもとにある星々が地上での動きを支配しているため、星を読めばその先に起こることがわかると考えられている。医者たる者、いかなる治療も、それをはじめる前に患者が回復しそうかどうか知っておく必要があるのだ。まず第一に、知っていれば、死にいたる可能性がある場合は、遺言書を書いて身の回りを整理して、死に備えるよう患者に助言することができる。次に、回復が望めないような場合は、分別のある内科医ならば、患者が亡くなったときに力不足だと責められないように、治療を行わないだろう。医者はよい評判がなければやっていけないし、医療ミスの裁判がないわけでもない。そして第三に、星の配置で患者が完治するとわかっていれば、正しい診断と治療を行えるし、そのおかげで患者が健康になって評判は上がるしで、内科医にとってはいいことずくめだ。

　しかし先に述べたように、15世紀でさえ大学で資格を得た内科医はごくわずかしかおらず、このためその診察料は安くはない。とはいえ内科医に代わる存在もある。ジョン・クロップヒルに、エセックスでの仕事についてインタビューしてみよう。


　こんにちは、クロップヒル先生。なんキロ四方にもおよぶ患者を治療なさっていますが、大学で勉強されたわけではないですよね。内科医としての訓練はどこで受けたのですか？

読み書きは村の神父様が教えてくれたし、医学にはずっと興味があったんだ。近頃では英語で書かれた医学書も簡単に手に入るようになっていて、それには内科医に必要な知識がすべて載っているからね。独学だよ。高い金を払って何年もかけて大学に行く必要はないね。本のなかにすべてが書かれているんだから。

独学したことのなかで、なにが一番役に立ったか教えてください。

ノートに大事なあれこれを書き出しているんだ。体から血を抜く瀉血《しゃけつ》や十二宮図、1年を通して惑星が四体液や体の部位におよぼす影響、月について、男性の人生における7段階や、各月に応じた尿や食事や治療の研究、それにすぐれた専門書に従って先のことを予測したものなどだ。こうした専門書は大きな助けになっている。私はこれを使って、ウィックス女子小修道院長が紛失したロザリオを見つけ、ヒツジの毛刈り職人のウィルにジョアンと結婚するのに最良の日どりを教え、トーマス・ゲールの妻がようやく息子を産むことを正しく予言したんだ。それに、痛風といぼによく効く治療法も記している。

ですが、医者はあなたの本職ではないと聞いたのですが。

そう、本業ではない。私はウィックス女子小修道院にベイリフ（荘園差配人）として仕えている。ここは、エセックス州の当地にある小さなベネディクト派の修道院で１４５５年創設だ。私は医者としての稼ぎよりも修道院からのほうが収入がある。地代の集金と裁判所への出廷という荘園のベイリフの仕事で年に40シリングの収入があって、これはかなりの額だ。それにこの数年は当地のエール検査官として、地元の旅館の主人や主婦たちが売っているエールの品質や分量を検査する仕事もしている。それにくわえて修道院付きの医者の仕事もあるが、それはたいしたことではない。修道院は豊かだが、修道女が3人と修道院長しかいないからな。

どのようにして修道院の仕事と医者としての仕事をうまくまわしているのですか？

あちこち巡回して地代を回収するついでに、医者の診断や手当てが必要な人がいれば診ているんだ。

どんな患者がいるのか少し教えてもらえますか？

なんと！　患者と内科医とのやりとりは聖職者に行う告解と同様のものだぞ、知らないのか？　言えるわけがない。

ああ、そうなんですね。では、治療に対してどれくらい報酬を受け取るのか教えてもらえますか？

まあ、それくらいならかまわんだろう。だが患者の懐具合によって変わるんだ。リチャード・アーミスティドには6シリング8ペンス。それくらい彼は余裕で支払えるからな。イワミツバで痛風を治療した。よく効くんだ。だがウィリアム・フォートリーからは同じ処方で2ペンスしかもらっていない。オトリーのジョン・アーミスティドの妻の治療には13シリング4ペンスだ。彼女が肺炎を起こしたときに治療した。あの家《うち》も裕福だからな。だが牧夫のホブはただで診てやったよ。あれも肺炎だったがね。こういう風にうまくまわっているわけだ。いいか、私は裕福な家からは金をもらう。そうすれば貧しい者たちをただで診てやれるからだ。それこそキリスト教徒のとるべき道だ。だがおい！　患者の秘密をしゃべってしまったじゃないか。うまく口車に乗せられてしまったようだ。

申し訳ありません、クロップヒル先生。[3]

21世紀になるとほとんど問題にならないある病気が、中世には大きな関心を集めている。ハンセン病だ。私たちは、ハンセン病が感染するものではなく、今日の医学では治療可能な病気だと知っているが、当時は恐ろしい苦痛と生き地獄のような生活をもたらす病だと考えられていた。ヨーロッパのいたるところでハンセン病療養所が建てられ、患者は健康な人々から隔離されてそこに入る。中世においては、ハンセン病はなんとしてでも避けるべき不浄な伝染病なのである。

しかし1350年代になると、ハンセン病はイングランドからなくなりつつある。その理由はだれにもわからないが、もちろんそれに代わってペストが登場している。この新たな病が社会に広がらないように、ハンセン病療養所だったところがペストの療養所に替わっていることも多い。しかし激減しているとはいえ、ハンセン病はいまだに社会的にひどい汚名をきせられたままだ。ハンセン病患者とひとくくりにされてはいても、実際にはこの病気に罹っているわけではない人たちもいる。乾癬《かんせん》や湿疹といった皮膚の病気やその他の皮膚の異常をハンセン病だと誤診されている人もいるのだ。そうした患者のひとりがジョアナ・ナイチンゲールで、それは1468年のことだ。

ジョアナはエセックス州ブレントウッドに住む裕福な未亡人だ。彼女の家族や隣人はこの不運な女性がハンセン病だと決めこんでいる。それが事実であれば、ジョアナは公的生活すべてから身を引き、ハンセン病療養所に隔離されなければならない。そして彼女の財産はすべて没収されることになり、法律上は彼女は死んだものとみなされる。

ジョアナはそうやすやすとすべてを手放すつもりはなく、自分はハンセン病ではない、家族が自分の財産を相続したくてハンセン病だと言っているだけだと主張する。親族らはシェリフに頼んで裁判を行ってもらい未亡人の今後を決

ハンセン病患者が最後に行える公的活動は、教会での自身の葬儀に参列することだ。

定しようとするが、ジョアナは高額な金を支払って弁護士を雇い、さらに上級の大法官裁判所へともち込む。ジョアナは国王エドワード4世の主治医たちに自分を診てもらい、正しい診断を下してもらう手はずを整える。イングランドでもっとも著名な医師であるウィリアム・ハッテクリフ、ロジャー・マーシャル、それにドニミク・ド・セルジオがジョアナの全身をくまなく診察して、ジョアナにはハンセン病の兆候は見られないと診断する。そしてジョアナはブレントウッドの自宅へと戻っても問題ないと判断され、財産もジョアナの手元に残ることになる。

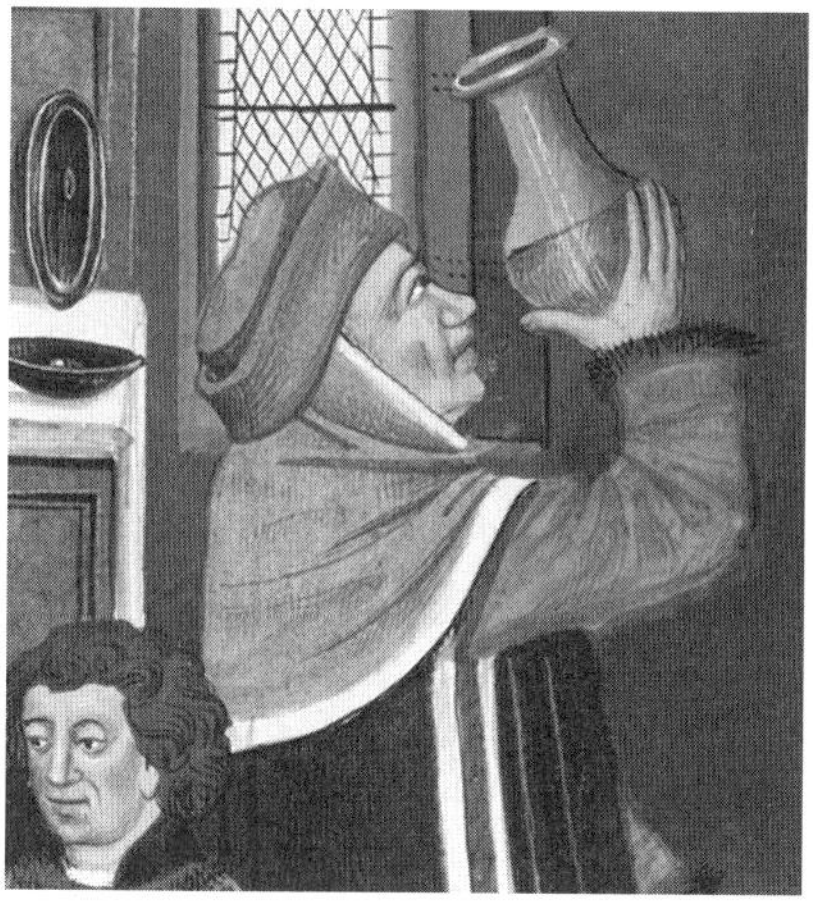

ハンセン病患者のウェスパシアヌスを治療する内科医（一部）

とはいえ、ジョアナの家族と隣人たちが、その後彼女にどう接するかは気になるところだ。

中世で女性の内科医に会ったことはない。女性は大学へは進めないからだが、しかしそれでも内科医を名乗る女性はわずかだがいる。おそらくは医者としてのスキルをジョン・クロップヒルのように独学で習得するか、父親や兄弟、あるいは夫から学んだのだろう。中世における医療過誤裁判でひときわ目立つものがあり、これは紹介しておいたほうがいいだろう。女性内科医が登場するからだ。１３５０年にデヴォン州で起こされたこの裁判は、「女性内科医」のパーネルとその夫の、これも内科医のトーマス・ド・レーシンに対するものだった。シドマスの粉挽き人が亡くなったのはふたりのせいだと告発されたのだ。内科医としての知識も治療もお粗末だったというのが理由だ。有罪判決を受けてふたりは無法者となった。家から追い出され、いかなる人からのいかなる援助も禁じられ、これは実質死の宣告と同じだった。しかしパーネルとトーマスはこれに屈しなかった。ふたりは国王エドワード３世に訴え出て、恩赦を受けて内科医としての評判を回復する。とはいえこうした決着はごく例外的なことだった。[4]

内科医と外科医の違いとは？

この点について詳しい人物、リチャード・エスティにインタビューしてみよう。彼はロンドンの外科医ギルドの上監事を１４５９年から１４６４年にかけて何度も務めている。また医学の手引き書も著しており、それはとても役に立つ。

こんにちは、エスティ先生。内科医と外科医という呼び名があって、なぜこのふたつを区別しているのか教えていただけますか?

それはローマ教皇のせいではある。現在のではなく以前の教皇のおひとりだ。時は1215年にさかのぼる。ジョン王がマグナ・カルタに調印された年だ。この年、公会議がラテラノ宮殿――どこにあるかは知らんだろうが――で開催された。教皇と枢機卿らは多くのことを議論されたが、聖職者が戦争に関わりすぎており、また犯罪を裁いて判決を下すことで死刑を宣告するという懸念があった。その偉大なる叡智で導き出したのだろうが、公会議出席者の面々は、聖職者は1滴の血も流すべきではないと宣言した。彼らはそれで前述の両方の問題は解決できると考えたのだが、実はそうはならず、それは新たな、さらにはるかに深刻な問題を生んだのだ。

それはなんだったのですか?

急《せ》かすでない! 今から話すところだ。知ってのとおり――これくらいは知っておいてほしいが――内科医として認められる者は大学で学び(そのために傲慢な態度を取ることにもなるのだが)、また単位を修得するためには下級聖職位を取る必要がある。それはすべての内科医が聖職者に含まれ、1215年に教皇がお定めになった決まりは彼らにも適用されるということだ。このため、彼らは血を流せないのだ。ここまではわかるかな?

はい、どうにか。内科医は戦争にも行けないし、犯罪者に死を宣告することもできないのですね。

なんとおつむの弱いことよ。私は医者の仕事のことを言っておるのだ。内科医は血が流れる施術はできないということで、歯を抜いたり、外科手術を行ったり、血が出るようなことはできんのだ。代わりに、私のような平信徒が外科技術を学び、見習いとして修業することになる。書物や大学で学ぶのではなく、だ。我々外科医は手と体を動かすんだ。理屈は内科医に任せて、とにかく患者の病気を治す仕事をこなす。「医師（doctor）」を名乗れるのは内科医だけかもしれんが、しかし我々は我々なりの技術を究めた者なのだ。

つまり、内科医と外科医の両方はできないということですか？

実際には、ひとりだけそれがいる。現在、国王であるエドワード4世にお仕えしておる者だ。彼は父親のもとで外科医としての修業を積み、それからケンブリッジ大学へと進んで内科医の知識を学びそこで教えた。彼はすでに外科医として血を流しておるので聖職位は得ることができなかったが、内科医を名乗れるだけのものは学んでおる。どういうお膳立てでそうなったのか私は知る由もないがな。

その人とは？

好色で、我々の高潔なギルドに悪評をもたらしかねん男だ。あの男は妻帯者にもかかわらず売春宿の常連だ。名はウィリアム・ホビーズ。医者に診てもらわねばならないことがあっても、できればあの男には関わり合いになるな。結局は、私が思うに、きちんとやろうと思えば、一度にひとつの仕事が妥当だということだ。これまでの話をちゃんとわかっておればな。

はい、わかりました、エスティ先生。いろいろと教えてくださって、それからホビーズ氏についてもご忠告いただきありがとうございます。

私はリチャード・エスティの助言に従うつもりだ。それにできれば、ホビーズにかぎらず医者全般についても関わらないことだろう。病気があまりにもひどくないかぎりだが。しかし病気になるようなことがあれば、可能なかぎり21世紀に戻ったほうがよい。

第7章

仕事と娯楽

どのような姿勢で仕事に取り組んでいるか？

中世イングランドでは、障害がないかぎりだれもが働かねばならない。神がそうお定めになっているのだ。王や貴族や領主にとっての仕事とは、管理、施政、裁定、領土の防衛だ。これにくわえて書類仕事が数多くあるため、秘書や書記官、筆記者、裁判官や弁護士が必要になってくる。聖職者は祈り、説教し、修道院や小修道院、大聖堂や小教区を運営することで魂の救済という仕事を担う。だが彼らが書類仕事に忙殺されていることも多い。あらゆることを手書きで書き留めなくてはならず、またしばしば大量の写本を製作しなければならない。これは時間のかかる仕事だ。

心に留めておくこと。神は御望みの場に人を置かれているのだから、それを変えようとすることは全能の神の永遠のご計画を覆すことになり、失敗したところで同情は得られないだろう。

こうしたふたつのカテゴリーに当てはまらない人々は、ほかのあらゆる仕事に就いている。人々が食べ、服を着、家に住み、清潔で健康的で、そしてできればその社会的地位に満足した暮らしを送れるように、そのために人々は働かなければならない。もちろん、満足している人はほとんどおらず、だからみなが社会的地位を上げることを望んでいる。

仕事を免除されるのは、幼い子ども、病人、「紛れもない」障害をもつ人々、そして非常に高齢の人々のみだ。「紛れもない」障害とは、四肢の一部がなかったり不自由であったり、全盲であるような場合だ。難聴や腰痛、また自閉スペクトラム症といった人々は「援助に値する気の毒な人々」の仲間だとは認められない。援助に値する気の毒な人々でなければ、同情を寄せられ、施しを受け、物乞いをする資格がないのだ。働くことが可能な状態なのに仕事を見つけられない者はこれに値せず、「なまけ者」とみなされ社会から忌み嫌われる。厳しいとは思うが、それが中世の社会であり、だからあなたはなんらかの仕事を早急に見つけ、経済的に自立して尊敬を得る必要があるのだ。

どのような職業に就けるのか？

幸い、テューダー朝以前の時代には失業はほぼなく、とくにペストの流行のあとは人口が激減している。現代人のあなたにとっては残念だが、中世で立派な仕事に就こうにもそうした訓練はなにも受けていない。だれもが感銘を受けるようなすばらしい才能をもっていれば別だが。田舎では農作業は年中ある。畑を耕し種を蒔き、草刈りをし、鳥を追い払い、鍬を使い、刈り入れや収穫を行い、収穫物を運んで脱穀する。これらは季節ごとにこなさなければならない仕事で、どれもが体を使う重労働だ。おそらくは天候にかかわらず野外で行う作業に就くことになるだろうが、あなたの頭にあったのは、あまり泥まみれにならない仕事だったのではないか。

考えているのは靴職人や大工、製本職人や宝石職人あたりだろうか？　だとしたら町に住む必要があるが、そこには問題もある。どの町にもすでにそうした職人がいて、邪魔が入るのをいやがる。あなたが新しいサービスを提供したり、そこにはないものを作ったりできなければ——しかしそこにないものがあるとしても、それはおそらくは必要とされていないか、十分な客がおらず利益を出していけないからなのだ——よそ者のあなたは歓迎されないだろう。さらにまずいことに、ギルドのメンバーにもなれないだろう。

小さな町にはたいていひとつかふたつ、町の守護聖人に奉じたギルドがあって、それにはさまざまな職人や商人が属している。大きな町や市では職業ごとに――組織によってギルドやカンパニー、フェローシップと呼び名は変わるが――独自の大規模なギルドを構成するだけのメンバーがいる。ギルドにはさまざまな機能がある。ギルド加入に関する監督や徒弟の訓練、メンバー（およびその妻）の行動の監視、商品の製造や販売における品質管理、未亡人や孤児、失業者のための保険、社会的行事の開催、さらにはメンバーの葬儀に弔問者を送ることまで行う。しかしギルドにはもっと重要な仕事がある。それが、あなたのようなギルドに加入していない職人との競合を防ぐことだ。

中世に行ってすぐにギルドのメンバーになるのはほぼ不可能だ。だがあなたがなんらかの手工業を選んで、金を払って徒弟として年季奉公契約をむすぶことなら可能だろう。そうすれば親方はあなたに寝食を提供し、職人として必要な知識や商売の秘訣すべてを教えてくれる。しかし給料は支払われない。職人としての資格を得るには7年ほどが必要だ。たとえばロンドンの金細工師になるには、複雑で細かな技術を学ぶのに10年を要する。あなたの父親が金細工師であれば話は別で、その場合はもっと修業期間は短くて済むだろう。父親が作業するのを見て育ち、道具の扱いにも詳しいだろうから。資格を得たら、数年間その手工業の「年季明け職人」として働き、日当をもらう。しかし今度は寝食の費用を支払う必要がある。またその町や市でそのまま働きたいなら、ギルドの加入金も支払わなければならない。

年季明け職人のあいだには、親方作品（マスターピース）に取りかかることになるだろう。金細工師なら、金杯や精巧なブローチになるかもしれない。本を扱う印刷出版業者なら、装飾写本を製作することもある。それがなんであれ、親方作品はあなたのスキルを示すものであり、自分に可能な最高水準の作品にする必要がある。作品が完成すると、ギルドの幹部がそのできを判断する。そしてその腕前を確認する試験に合格すれば、その手工業の親方（マスター、女性の場合はミストレス）を名乗れるようになり、自身で事業をはじめ、徒弟を取って修業を施せるようになる。しかし親方となっていても、別の町へ移れば、その地のギルドはあなたの資格を認めない可能性がある。

ギルドのメンバーになるにはほかにも方法がある。それは金で身分を買うやり方だ。ルールに縛られず、金で要領よくドアをこじ開けるのだ。必要とされる高額の寄付を行う余裕がなければ、女性であればまた別の方法もある。すでにギルドのメンバーである男性と結婚して、生活を共にしながら夫から技術を学ぶのだ。

女性はどのような職業に就けるのか？

雇用主は女性を雇いたがる。というのも、大半の商いや手工業では（専門職となると話は別だ）男女にかかわらず雇用の機会は平等だが、給料面においてはそうではないからだ。女性の労働者は賃金が安いのが常だ。女性は聖職者や弁護士、それに建前上は、少なくとも内科医にはなれないが、それ以外の職業ならなんにでも就ける。鍛冶屋や釣鐘鋳造《ちゅうぞう》師といった重労働の仕事でさえ、少数だが女性職人がいる。15世紀のロンドンに、夫の釣鐘鋳造の仕事を引き継いだふたりの未亡人がいた。ジョアナ・ヒルはアルドゲイトのセント・ボトルフ小教区で鋳造所を経営した。夫のリチャードが１４４０年に死去したあと事業を引き継いだもので、１年後にジョアナが亡くなると、ジョン・スターディがこの事業を買い取ったようだ。ジョンは１４５９年に亡くなったようだが、それまでこの鋳造所を経営し、その後はジョンの未亡人――同じくジョアナという名だった――が事業を引き継いだのだ。

女性の鍛冶屋もいく人かいる。ロンドンのある女性の遺言書には「私の鍛冶道具と測定器のすべてを弟子に」譲ると書かれていた。フランスとのあいだで百年戦争が行われていた時期には、ベリーのキャサリンのような例もある。ウォルターの妻でアンドリューの母である（ウォルターもアンドリューも国王お抱えの鍛冶屋としてロンドン塔

21世紀のイングランド南部には、ノーフォークからデヴォンにいたるまで、ロンドンのヒル＝スターディ鋳造所で製作された刻印がある教会の鐘が少なくとも16個ある。これらの鐘は今も時を告げている。[1]

女性の鍛冶屋

で働いていた）キャサリンは、ウォルターの死後、アンドリューが王の軍事遠征に付き従っているあいだ、日当8ペンスで「ロンドン塔の鍛冶場を維持し、鍛冶の仕事を継続した」のである。キャサリンは、当時ウェストミンスター宮殿で作業中の石工の道具の補修や研ぎも手がけた。

　またウィリアム・ラムゼイが１３４９年にペストで命を落としたあと、その娘のアグネスは父親の建築と石工の事業を続けた。アグネスはロバード・ハバードと結婚したが、父親の姓を名乗り続けた。父親はすばらしい評判をもつとても有名な職人だったからだ。アグネスは当時の高位や著名な人々からの依頼を受け続け、国王エドワード3世の母親で前国王妃イザベラの墓を建てる仕事も任された。そして見事な墓を完成させ、１００ポンドという破格の報酬を受け取っている。

　それほど世間の注目を浴びない職の場合はそこで働く女性がいたことを確認するのは難しいが、中世の人々の名字は職業が由来となっているものがあり、またそうした名字の女性形もあるため、そこから当時の女性がどのような職に就いていたかわかることもある。ここに、中世の女性が就いた職業名のリストを挙げておこう。

スロースター（throwster）――絹撚糸職人
ウェブスター（webster）――織物職人
ハクスター（huckster）――食品・飲み物行商人
ブリュースター（brewster）――醸造職人
タプスター（tapster）――エール商人
スピンスター（spinster）――亜麻や羊毛の紡糸職人
バクスター（baxter）――パン屋
ケンプスター（kempster）――羊毛のけば立てやすき職人
トランター（tranter）――行商人
サクスター（thaxter）――屋根葺き職人
パリスター（pallister）――杭柵職人
ヒュースター（hewster）――きこり
ベギスター（beggister）――物乞い

ウィスター（whister）――リネン漂布職人
リスターまたはダイスター（lister or dyster）――染色職人
コーヴェスター（corvester）――靴職人
バーバレス（barbaress）――床屋
ビリングスター（billingster）――農業労働者

ハクスターとタプスターとして働く女性はとても多いので、男女にかかわらず同じ呼び名であることが一般的だ。13世紀の納税申告書には、女性のベルリングスター（bellringster、鐘撞き）、ホードスター（hoardster、買いだめ屋）、ウォッシュスター（washster、洗濯女）、フィリスター（fillister）も登場する。「フィリスター」とはなんだろう？ ＯＥＤ（オックスフォード英語辞典）には大工仕事で使用する道具と書かれていて、またウェブ上のフリー・ディクショナリーには「面ファスナー」と説明されている。まあ、フィリスターが実際にはどんな職業なのか、中世にいるあいだにわかるだろう。[2]

ファムソール（独立女性［femme sole］）

フランス語からの借用であるこの言葉は女性の一カテゴリーを意味するもので、とくに大きな町で、14世紀から15世紀末にかけてこうした女性が台頭している。大半の女性は「ファムクヴェルト(既婚女性[femme couverte])」であり、つまりは法律上は夫に「保護された(couverte)」女性だ。これは、女性がたとえばパン屋(バクスター)として働いていて、夫はまったく異なる職業に就いていても、その女性が徒弟を取り、金の貸し借りをし、あるいは重量不足のパンを売って罰金を科されたような場合、法律上責任を負うのは夫ということだ。徒弟の契約を交わすのは夫で、また女性の商売で上がる利益を手にするのも、不良品のパンがあればそれで訴えられたり妻の借金の支払いを求められたりするのも夫なのだ。

しかし「ファムソール」は夫に保護されてはいない、つまりは「自立した」女性だ。死別した夫の事業を引き継いでいる未亡人も当然このカテゴリーに入るが、しかし既婚女性も「ファムソール」と呼ばれることがある。夫の同意があることが前提だが、自身の事業に関する契約や利益、負債に対し自身が責任を負っている女性だ。自分の事業経営で大きな成功を収め、また夫の死後は夫の事業も引き継いでいる女性がいる。ローズ・ド・バーフォードだ。「ファムソール」であることについて、ローズに話を聞いてみよう。

ごきげんよう、バーフォードさん。あなたのことをお聞かせ願えますか?

私はエドワード1世の時代にロンドンで生まれました。父はトーマス・ロマイン、市参事会員で、1309～1310年にはロンドン市長を務めました。父は裕福な羊毛商人とコショウ商人で、スパイスを輸入してエドワード2世に異国の商品、とくにクローブやシナモン、砂糖などをお納めしていました。私もエドワード国王とイザベラ王妃に、立派な刺繍を施した衣服や装飾をお納めしたことがあるのですよ。

では、あなたは刺繍職人なのですか？

いえ、私は針などもちませんよ。絹糸や金糸で刺繍するなんて面倒ですもの。別に職人を雇って、その仕事を監督、調整するのです。国王は、仕上げるのに1年かかり、100ポンドもするコープを私にお任せになったのですよ。

コープとは？

あら、知らないの？　半円形のマントで枢機卿といった方々がお召しになるものです。お納めしたコープは本当に立派なもので、サンゴのビーズをちりばめた、キリスト教界でも一番の品だと思いますよ。王妃様がそれをローマの教皇様への贈り物とされたのです。考えてもごらんなさいな。教皇様ご自身がお召しになるのですよ！　本当に誇らしいわ。

ご主人はあなたが事業をなさることをお認めだったのですか？

ええ、もちろんよ。お金を稼ぐのですから、認めないわけがないでしょう？　夫のジョン・ド・バーフォードはコショウ商と羊毛商人で、私の父の事業のパートナーでしたが、布地商でもありました。なにも知らないようですから教えますが、布地商は極上の生地を輸入します。ジョンと結婚して、私はジョンのさまざまな商いのすべてを学んだのです。彼は市参事会員で、1303～1304年にかけてはロンドン市のシェリフを務めました。1322年にはロンドン市長に選出されると思っていたのですが、そうなる前に亡くなってしまったのです。それで魚屋のハモ・ド・チグウェルが再選されたのですよ。その後は、市長の座はハモと金細工師のニコラス・ド・ファーンドンのあいだをいったりきたりしています。昨年9月にドーヴァー市長に書状を送ったのはファーンドン市長でしたね。ドーヴァーが私のコショウやガジュツ、ナツメグの船荷を差し押さえて、その返却に9ポンドを要求している根拠を問うものです。国王の書状があるにもかかわらずこういう事態になったのです。王室の衣装を手配する納戸部（ロイヤル・ワードローブ）が私に支払うべき代金がかなり残っているので、書状には、関税を免除することでその借金と「相殺」するとあったのですよ。

争いは解決したのですか？

ええ、私にとっては十分な結果です。ドーヴァーにあるあいだに行方不明になったガジュツの樽は戻りませんでしたけどね。

ガジュツとはなんですかと言いたいのでは？　遠くインドから来る苦味をもつスパイスで、とても高価ですよ。

ありがとうございます、バーフォードさん。これ以上、貴重なお時間はいただきません。

それがいいわね。これから砂糖の荷を王様に送らなければならないし、あなたのような方につきあっている時間はないわ。お引き取り願いますね。[3]

ローズ・ド・バーフォードは非常に裕福な未亡人で、ロンドンの借家や借地、サリーやケント、サセックスの荘園など大きな財産をもつ。自身の住まいはケント州チャールトンにあるが、それが現在のロンドン南部にあるチャールトン（当時はケント州）なのか、ドーヴァー付近にある同名の場所なのかまではわからない。未亡人の仕事――ロンドン市内の客に商品を売るにしても、商品輸入の管理を行うにしても――にとっては、住まいがどちらであっても都合がよかったのではないだろうか。未亡人は、ロンドン市のビントリー区、カラム・ストリートにある使徒聖トーマス教会の南側礼拝堂建設の資金を出せるほど裕福だった。ローズには息子と娘がひとりずついて、息子のジェームズは騎士になったが、娘のキャサリンについての情報は確認できていない。

どれほど裕福で事業経営に成功していても、女性が公的地位のある職を任命されることはめったにない。しかしそうなった女性がいる。アリス・ホルフォードだ。アリスの夫のニコラスはロンドン橋執行吏という重要な地位に就いた。これは橋の下を運航する船と、橋を通る荷車や馬車から通行料を徴収する仕事だ。簡単な仕事ではなく、輸送する荷の種類や、それがだれのものであるか、まただれが運んでいるかによって通行料は異なった。ニコラスが１４３３年に亡くなると、未亡人になったアリスがこの仕事を引き継いだ。おそらくは、男性の執行吏を任命するまでの一時的なものだったのだろう。だがアリスはとても有能で信頼が置けたため、この非常に重要な職を解かれることなく20年にわたって通行料徴収を続け、ロンドンの税収を支えた。[4] ロンドンの上層部の人々は、「たかが」女性にしては悪くないと認めざるを得なかった。残念ながら、高い評価を得たアリスに続き、ロンドン市の非常に重要な職に就く女性はいなかった。

仕事がなければ女性はなにをするのか？

雇い主にアピールできる技術ももたず、家庭の使用人といった仕事も見つからなければ、残念だが女性の選択肢はかぎられている。他人の菜園の草むしりくらいの仕事はあるだろうが、これも植物についての詳しい知識が必要で、畑の侵略者である雑草と、残すべき作物の区別がつかなければならない。洗濯女はいつどこでも必要だが、この仕事も石けん作りや、洗濯物のつけおき洗いやたたき洗い、しみ抜き、リネンの漂白、水の再利用やたたみ方、乾燥法などさまざまな知識が必要だ。洗濯は重労働で時間もかかる。21世紀からの来訪者はこうした日常的な作業の煩雑な手順については無知なので、残された道はひとつしかないかもしれない。日々の糧を稼ぐ最後の手段となるのは、いつの時代も体を売ることだ。娼婦は世界最古の職業だと言われている。

迷っているなら、世界で二番目に古い職業と言われているスパイもある。スパイも娼婦も聖書に載るほど古くからある仕事だ。

古代からずっと、売春は人の世の現実であり、不可欠なものとみなされている。多くの時代において、行政から承認されることはめったになくとも容認されてはいる。中世のロンドン市は「娼婦」の仕事の管理に乗り出し、女性たちが仕事をできる範囲をニューゲート付近、市北西部のコック・レーンに限定する。しかし娼婦たちを市の外の見えないところ、できれば気にならないところに置くに越したことはない。そこでテムズ川を渡ったサザークなら市の名声を傷つけることもないだろうということになる。リバティ・オブ・ザ・クリンクはサザークにある地区で、ウィンチェスター司教の管轄下にある。リバティはロンドン市の管轄外にあるので、ロンドンでは禁じられている活動もここでなら許されるというわけだ。

ウィンチェスター司教は1161年にリバティ地区での売春と売春宿を認可する権限を認め

られ、こうした仕事に就く女性らはウィンチェスターの雌ガチョウ（Winchester goose）と呼ばれることになった。「ウィンチェスターの雌ガチョウにかまれる」とは性病を移されること、「グース・バンプ（goose bump、鳥肌）」とはその症状を意味するスラングだ。客は川の対岸のロンドン、ステュー・レーン（「売春宿街」の意味）の桟橋から小舟でやってくる。ロンドン橋のゲートを通ると用件を聞かれるので、それを避けるためだ。もちろんゲートは夜になると閉鎖されている。客が対岸のバンクサイドに近づくにつれ、よく知られているように、白壁に宿名が書かれた売春宿が見えてくる。ベアズ・ヘッド、クロス・キーズ、ベル、スワンといった宿だ。ウィンチェスター司教の指導のもと、禁止事項もある。売春宿は日曜日と聖日には営業してはならない。無法地帯になってしまわないように、いくつか対策も行われている。たとえば「売春宿の女性が［……］、いかなる男性のガウンやフード、あるいはその他のいかなるものも、それを引っ張って客引きする」と20シリングの罰金が科されるのだ。

ガッデスデンのジョンはイングランドの内科医で、14世紀初頭に、売春宿の女性たちに性病から身を護る術《すべ》についてこう書き助言している。性病の疑いのある男性との性行為が終わったらすぐにぴょんぴょん飛んで、階段を後ろ向きに駆け下り、コショウをふってくしゃみをするとよい。それから、ビネガーに漬けた羽毛で性器をくすぐり、性病をもつ男性の精液を自分の体から排出させる。そしてビネガーで薔薇とハーブを煮立てて作った調合薬で性器をよく洗う。サザークの売春宿にいる娼婦たちはもちろんのこと、女性が実際にこの助言に従っているところを想像するのは難しい。まず、突然こんなことをやりはじめたら、女性が相手をした客はとまどうだろう。それに、階段を後ろ向きに駆け下りたら、一発で首の骨を折ってしまうのではないか。しかし少なくとも、淋病をはじめとする性病は性行為によって感染することは理解されていて、これは大きな前進だ。

１３２１年にエドワード2世がサザークにロック・ホスピタルを創設し、この病院で「ハンセン病患者」の治療を行った。とはいえ当時は、皮膚の炎症や損傷がある人にはみなこの病名が使われた。この施設はバンクサイドの売春宿街から１・５キロほどのところにあり、当然ながら、まもなく性病の治療に特化しはじめる。「ロック・ホスピタル（Lock Hospital）」は今もスラング辞典ではＶＤ（性病）クリニックを意味する一般的な言葉として掲載されている。サザークの売春宿は繁盛し、ここにはコッドピース・レーンやコックオールド・コート、スラッツ・ホール（股間の当て布、不義を働かれた夫、女性器を表すなど、どれも性的な意味をもつ）といった名をもつ地区がある。

もちろん、娼婦がいるのはロンドンにかぎらない。どの町や村、市にも、例外なくひとりやふたりは娼婦を斡旋する女性がいる。ヨークも例外ではない。１４２４年のヨークでは、エリザベス・フロウとジョアン・スクリヴナーという取りもち女が、修道士や司祭のお楽しみに若い女性を斡旋していた。ヨークの行政区画バラの記録には、１４８３年5月12日付で、「ミクルゲートの聖マーティンの小教区民すべてが、市長にマーガリー・グレイ、またの名をチェリーリップスを訴えます。この不埒な女は自分の体を売り、よからぬ男たちがそこへ通うため、近隣の人々が迷惑しております」と書かれたものがある。

どのような娯楽があるか?

幸い、中世イングランドでは生活のすべてを仕事に捧げるというわけではない。教会にはさまざまな「聖日(holy day)」があり、クリスマスや告解火曜(マルディ・グラ)、復活祭、聖霊降誕祭、主の昇天といった主キリストにまつわる行事を祝い、また聖母マリアのお告げの祝日や聖体の祝日、収穫祭など教会が「定めた」祝日もある。それから多数の聖人の日がある。こうしたお祝いの多くは、すべてではないにしても仕事を休める日(holiday)であり、21世紀よりもはるかに多く、クリスマスだけで12日の休日があるのだ。中世以前のキリスト教以外の宗教の遺物である、異教の祝祭もいくつかある。ホック祝節、メイデー、ラマス(収穫祭)などだ。

休日は宴を催し、楽しみ、祝う理由になる。たいていは、それに応じた教会の礼拝がある。40日間におよぶ四旬節がはじまる前日の告解火曜は、フットボールの試合で祝う場合が多い。マンチェスター・シティ対マンチェスター・ユナイテッド。1チーム11人、90分間の試合。ルールに則った紳士的できちんとしたプレイをして、審判がそれを判定する。そんな試合を思い浮かべたとしたら大間違いだ。これは町中いたるところで行われる飛び入り自由の試合だ。村対抗のものがあるかと思えば魚屋と食料雑貨商の徒弟が競い、既婚女性対未婚女性（そう、女性だってプレイするのだ）の試合もある。それから、キック（対象はボールだけではない）、ボールをもって運ぶ、ヘディング（ボールだけでなく相手チームの選手にも）、パンチ、足払い、髪を引っ張る、それからボールをスカートのなかに隠すことまでなんでもありだ。

目的はボール（ブタの膀胱を膨らませたもの）を「ゴール」に入れること。たいていは「ピッチ」（競技場）のどちらかの端にある小教区の教会のポーチで、何キロも離れた先のこともある。試合に出る選手の人数は制限なし。1日中、あるいは参加者が消耗してプレイできなくなるまで続く。また最寄りの居酒屋で休憩してまたプレイに戻らなければならないこともあるし、みなで大いに楽しむのだ。試合の翌日は頭痛の日だ。ヘディングや相手への頭突きだけが原因ではない。勝利を祝い、あるいは負けた憂さ晴らしにエールを浴びるように飲むせいもある。負傷者は多数にのぼり、致命傷を負う人さえもいる。フットボールは危険なスポーツなのだ。

それほど激しくない娯楽がよければ、街頭演劇のようなものがある。曲芸や吟遊詩人、手品

大道芸人

師や大道薬売り、指人形劇さえもあって観衆を楽しませる。そして神秘劇や奇跡劇といった宗教劇や無言劇も演じられる。

10世紀から11世紀にかけて登場した中世の神秘劇は聖書の物語を再現したもので、とても人気がある。修道士や聖職者、聖歌隊員が演じ、それを観て庶民は聖書の物語を学ぶのだ。しかし教会はまもなく、聖職者がこうした劇で一定の役割を演じることを憂慮するようになる。修道士がイヴや処女マリアや、それどころか無垢な赤ん坊を大勢殺すヘロデ大王を演じていいのか？　女性の出産や大量殺人を教会で語ることは適切なのか？　じきにこうした役を演じるのは聖職者ではなく平信徒——歴史家が言うには男性のみ——となり、そして台本は長く、物語はさらに複雑になっていく。また伝統の維持にこだわるため、ひとつの町はまったく同じ劇を毎年繰り返し上演し、台本は口伝えのみで受け継がれる。

次第に神秘劇の種類は増えていき、その結果、天地創造から最後の審判日にいたるまで聖書全体の物語が語られるようになる。アダムとイヴ、カインとアベル、ノアの方舟、キリスト降誕、磔刑、そしてキリストの復活までが連続劇（サイクル）でまとめて演じられるのだ。丸1日かけて連続劇のすべてを演じ、通常はクリスマスや復活祭近くに行われたが、ヨークでは6月の聖体の祝日がその日だ。連続劇は市中の野外で演じるため、この祝日の頃は日が長く都合がよいからだ。

こうした劇は本来は教会の庭で行い、観衆がこれを観に集まるものだったが、おわかりかと思うが演者は悪乗りして劇はどんどん低俗化する。聖職者は下劣な劇で聖書のメッセージの価値や品性がけがされてしまうことに不満を抱き、そのため連続劇は教会の庭から街頭へと出ていき、ここでさらに俗悪化するのだ。

舞台はないので、演者たちは2階建てのパジェント・ワゴン（山車）を作る。これは求めに応じて移動できる車輪付きのワゴンで、ワゴンの2層の舞台と、その前の地面の3か所で演じるようになっている。聖書の各物語に登場するそれぞれの背景はワゴンに作りつけになっている。チェスターやヨークといった都市では各ギルドがそれぞれのパジェント・ワゴンを保有していて、特定の物語を演じる。ヨークの金細工師は必ず東方3博士とその高価な贈り物と宝石の話、チェスターの水汲み職人は常にノアの方舟を演じるが、船を建造する部分は船大工が受けもつ、という具合だ。ワゴンは町を正しい順序でまわり、物語を演じ終えたら移動する。

パントマイム・デイムの元となったのがノアの妻だ。ヨーロッパ大陸ではノアの妻はごく小さな役でしかないが、イングランドでは独自の喜劇的な役割をもつ。気難しく頑固者の妻の典型で、劇におもしろみをくわえる役柄だ。

世俗の人々が劇を演じるようになると、ときには役者を生業とする者たちが雇われて役を演じ、演技が下手であったりせりふを忘れたりした場合は報酬からいくらか引かれる。こうした役者は物乞いや放浪者と並び最下層の人々とされていて、教会は、宗教劇に彼らが参加することを快く思っていない。それはともかく、自分の役になりきって演じるのは素人も同じだ。1437年に、ニコラス・ド・ヌーシャテル神父が復活祭の受難劇でキリストを演じたとき、彼は十字架の上で死にかけて、内科医と地元の居酒屋の女主人に看護してもらわなければならなかったほどだ。そのどちらの手当てが彼の回復により大きな効果をおよぼしたのかは記録にない。

ギルドがメンバーから徴収して資金を作らないかぎりは、通常は劇にかける金はほとんどない。このため演者は日常着ている服のままで演じる。しかし神など大事な役には特別な衣装と仮面がある。ある演者は金細工師の妻に金を支払って晴れ着を借り、その衣装でノアの妻をそれらしく演じたと書かれた記録も残っている。これがパントマイム・デイム（男性役者が演じる女性の道化）のはじまりだ。

小道具や衣装が間に合わせのものであっても、当時の町や市では劇は大きな娯楽であり、暮らしに彩りやわくわく感をもたらす。宗教劇にはほかに奇跡劇があり、これは聖人や、おそらくは聖人が起こす奇跡を描く物語だ。現存する最古の奇跡劇は聖キャサリンについてのもので、1110年にセント・オールバンズ修道院のジェオフリー修道院長が、信徒のために書いた作品だ。

　貧しい村や集落には、神秘劇や奇跡劇とはまた別の見世物がある。金も時間もかからない演じ物だ。このあまり手をかけない寸劇に出演するのはそれに応じた金のかからない「ママー（mummer）」で、こうした劇は都市部の神秘劇とはまったくタイプが異なる。ママーが演じる「マミング（mumming）」は古代版街頭劇とも言える見世物で、本来はキリスト教以前の時代にさかのぼる豊穣の儀式であり、夏の終わりとともに訪れる植物の死と春における再生を告げるものだ。「マミング」とは、役者が仮面をつけ、顔を隠し演じるものをいう。仮面をつけるのは、ママーの正体がわかったら儀式の魔法は破られ、太陽は戻ってはこないと考えられているからだ。ママーの正体を悟られてはならないという伝統は続いている。モリス・ダンス（イングランドの伝統舞踊）を踊る人々の慣習がそうであり、帯とベルを付け、顔を黒く塗って正体を隠す。彼らのことを「モリス」、正しくは「ムーア人」（つまりアフリカ人）と呼ぶのは、黒く塗った顔が由来だ。

　中世になる頃には、マミングから異教がもつ性質は失われていた。人々はもはや太陽が戻ってこないかもしれないと心配することなどないが、万が一のため、古い習慣はそのままに残っている。ママーを受けもつのは今や役者で、その演技は純粋に娯楽と金のためのものだ。たいていは観衆のあいだを帽子がまわされ、金を集める。慈善目的の寄付ではなく、役者の生計の糧となる金だ。中世のキリスト教はマミングに新しい登場人物を取り入れ、ベルゼブブ（キリスト教における悪魔のひとり）は今ではよく知られた悪役だ。新しいキャラクターのなかでもとりわけ重要なヒーローが聖ゲルギオスだった。聖ゲルギオスは紀元3世紀にエジプトでドラゴンを殺したと言われて以降、有名になった。聖ゲルギオスはドラゴンを伴っている場合もあり、このドラゴンはあらゆる種類の悪を象徴しているが、ドラゴンの衣装は製作するのが難しく費用もかかるため、ドラゴンの代わりにあまり突飛ではない悪役を使っていることが多い。十字軍遠征後は、サラセン人やトルコ人の騎士がしばしば悪役を務めているが、それ以外にも邪悪な王や悪魔、泥棒など悪役はさまざまで、なんでもありだった。ママーの劇には常に道徳観が盛り込まれていて、幾多の挫折や敗北ののちに、必ず善なる者が悪を倒すという筋書きだ。

どのような気晴らしがあるか？

15世紀になる頃には識字率が上がるにつれて新しい楽しみ方も増え、読書という娯楽が生まれる。イングランドでは1481年に、ウィリアム・キャクストンがイングランド初の印刷機を使用して『狐物語』を刊行する。キャクストンには読者を教育する意図があり、キツネのルナールの短い物語を通して、現実の「日常生活における詐欺や欺瞞」の避け方を教えようとしている。とはいえこれは真面目な本とはほど遠い。ワイリー・コヨーテとロードランナーや、トムとジェリーといったアニメのおどけたキャラクターに笑わされたことがあれば、キツネのルナールもきっと気に入るだろう。

ファンタジーが詰め込まれたロマンスや冒険小説が好きなら、キャクストンは『狐物語』以外にも素晴らしい作品を刊行しているので楽しめるだろう。サー・トーマス・マロリーによる『アーサー王の死 *Le Morte d'Arthur*』だ。タイトルはフランス語だが、心配ご無用。サー・トーマスはこのベストセラー作品を英語で書いた。まあ、中英語ではあるが。あなたも中世の英語にはだんだん慣れてきているだろう。この本はアーサー王と円卓の騎士に関する物語集だ。アーサー、グィネヴィア、マーリン、サー・ランスロットといったなじみのある登場人物もいるだろうし、またトリスタンとイゾルデ、エレイン、サー・ベディヴィア、サー・ガウェインなど聞いたことのない名もあるかもしれない。

もう少し際どいものが好きなら『薔薇物語』がある。これは13世紀に最初はフランス語で書かれ、「恋人たちのための手引き書」として売り出された作品だ。ジェフリー・チョーサーが14

世紀に英語に翻訳して以降、このみだらな「夢物語」はとても人気を博している。『薔薇物語』の非常に美しい装飾本は21世紀にも存在するし、運がよければ、中世にいるあいだにほかの写本も目にするかもしれない。冗長な本を苦心して読み進めるのが好きでなくとも、豪奢な絵は楽しめるだろう。

第8章 家族のこと

そして息子よ、お前が妻をめとりたいならば
財産目当てで選ばぬことだ
いいか息子よ、妻となる女はお前と人生を共にするのだ
お前は賢く考え、助言を受け入れなければならない
めとる女は善人で正直で賢くあること
その女が貧しくとも、それを気にするな
その女はお前に、裕福な女よりも
よく尽くすだろう、それは間違いない[1]

これは15世紀の長編詩で、当時の若者に向けた立身出世に関する一連の教えをまとめた『賢者から息子への教え *How The Wise Man Taught His Son*』の一部だ。この詩のなかの息子は貧しい女性と結婚するよう助言されている。そのほうが裕福な女性よりもよい妻になるからだ。詩はさらに、豪華な宴ではなくポタージュの一皿、怒りと沈鬱よりも平和と静けさを得たほうがよいと続く。この助言にもかかわらず、おわかりと思うが、金目当てで結婚を望む独身男性は多かった。

結婚

中世のイングランドでは結婚は教会での式を必要とはしない。1399年にジョン・イシンウォルドとエリザベス・スノーは結婚せずに性行為を行ったとして告発され、ヨーク大聖堂の教会裁判所で裁きを受けた。ふたりは聖堂参事会長に、事実上結婚した仲だと訴えた。エリザベスとふたりのときに、ジョンがこう言ったのは間違いなかった。「私はエリザベスを妻とすることを固く誓います」。それにエリザベスはこう返した。「私はあなたを夫とすることを固く誓います」。ジョンが実際にやったのは、都合がつき次第この婚姻を公にすると聖書に誓うところまでだったが、教会は、ふたりがすでに夫と妻であり、姦淫とされたふたりの行為は婚姻関係

における もの、つまり合法であると認めた。[2]

男女のあいだで誓いを――居酒屋や街頭、あるいはベッドで――交わしただけで「結婚の誓いを完了させる」行為を行う（つまりは床入り）としても、教会はこれを正当な結婚だとみなしている。証人を必要とはしないため、あとでどちらか片方が、ふたりが結婚していることを認めたり認めなかったり、という問題が生じることもある。ふたりが合法的に結婚しているかどうかという点は、心配やもめごとの種ともなりうる。女性が身ごもっていることがわかった場合はとくにそうだ。男性が誓いなど立てていないと言い張る可能性は常にある。その男は、土曜の夜にエール・ハウスの奥の部屋で楽しむことだけしか頭になかった、ということもありうるのだ。

ロンドンのロウソク職人ジョン・ボレルは、まだ徒弟の身でモード・クラークと情事をもった。モードは評判の悪い聖職者、ジェフリー神父の召使いだった。ジョンは資格を得て自分の店を構えると、レティシアとの結婚を望んだ。若く、身もちのいい女性だ。セント・ポール大聖堂で挙げるふたりの式の準備は滞りなく進んだが、式のさなか、その婚姻に障害や反対がまったくないことを確認する段階になって、ジェフリー神父が立ち上がり、ジョンはすでに自分の召使いであるモードと結婚していると申し立てた。ジョンはそれを否定したが、神父とモードは償いを求めた。この問題は裁判で争われることになり、かわいそうなレティシア、この無垢の花嫁の持参金はすべて、夫の弁護士への支払いと罰金に消えた。ふたりの結婚は有効だと認められはしたものの、新婚夫婦は一文無しに近かった。[3]

中世に旅してふさわしい相手と結婚しようと考えているなら、少なくとも、相手との血縁関係が近すぎて婚姻が法的に認められないという問題を心配する必要はないだろう。あなたのずっと前のご先祖が、ずーっとあとの子孫（あなた）と結婚しようとしているのではないか……なんて勘ぐる人はだれもいない。だからその点は安心だろう。とはいえ教会が結婚を認めない関係は多数あり、あなた以外の人たちはそれを考慮する必要がある。こうした規則はすべて1215年のラテラノ公会議で教皇が定めたものだ（そのなかのひとつが聖職者は血を流してはならないというもので、第6章を参照）。規則はすべての人に適用されるが、その余裕があるなら教皇の「特免状」を買えば、はとこの子など、血縁関係にあるだれかと結婚しようとしている事実を見逃してくれるだろう。王や王子や貴族になると、特免状を買わなければならない例がたびたびだ。ヨーロッパの高貴な人々のあいだでは、血族関係にある者の結婚が非常に多いからだ。裕福な人々は規則を無視することが多いにしても、血族結婚は子孫を残すことに対してはプラスに働かず、規則には意味があるのだ。結婚を禁じられている関係はほかにもあるが、血縁以外のものにはたいして意味がないように思える。国王リチャード3世は、王位継承前のグロスター公だった頃に、従姪《いとこめい》であるアン・ネヴィルと結婚した。王に、特免状が必要だったことについて説明してもらおう。

陛下、図々しくもお邪魔いたしますが、陛下が王妃のアン様とご婚姻の際には、教皇様の特免状がいくつも必要だったと聞きおよんでおります。

そちになんの関係があるかは知らぬが、国会を開会させるまでにはいくらか間がある……そうだな、そういうこともあった。さかのぼること1471年、余の兄である国王エドワード4世（神のご加護を）が、余とレディ・アン・ネヴィルとの婚姻を望んだのだ。アンはウォリック伯の下の娘だ。ウォリックと余はいとこの関係にあるため、アンは余の従姪となる。であるから、この障害を乗り越えて結婚するためには特免状が必要だった。さらにアンはその少し前に寡婦となっており、その結婚相手だったランカスター家のエドワード皇太子は余のさらに遠いいとこだった。なんとも面倒なことが続くが、いとこの未亡人との結婚にも特免状が必要だ。

それはかなりの掛かりとなったことでしょうね、陛下。

もちろんだ。教皇はそのたびに支払いを求める。エドワード4世が法的手続きのすべてを引き受けてくれて、ローマに金を送っていた。当時、余にはその余裕がなかったのだ。それから兄のクラレンス公ジョージまでもがこの問題に関わってくる。ジョージはアンの姉のイザベル・ネヴィルと結婚していた。それによって、アンが従姪であるどころか、余とアンは義理の兄妹関係にあることになり、その障害に対してもさらに特免状が必要となったのだ。

それはまた非常に高額になりましたね、陛下。

ふざけるでない、この話にはまだまだ続きがある。余の母上、ヨーク公夫人はアンの代母だ。これによってアンは神の目から見ると余の妹になり、これにも特免状が必要となる。

少なくとも必要な特免状すべてをお求めになったのですから、陛下と王妃様のご結婚はあらゆる点において合法なのですね。

結婚式

まあ、そうであればよいが。知ってのとおり、余とアンは、かほど煩雑な特免状の手続きがすべて済むのを待たなんだ。国王エドワードがそれはふたりの結婚を望んでいたからな。余とアンは、必要な特免状を教皇がすべてくださると信じて結婚した。兄のジョージは教皇様に賄賂を贈ってそれを邪魔だてしようとしたがな。ジョージはウォリック伯の遺産を独り占めしたかったのだ。わかると思うが、イザベル経由でな。しかし国王エドワードがすべてに対処し、特免に関する書類すべてを保管した。実のところ、余は必要な書類すべてがそろったのかどうかよくわからぬのだ。だがこれは誓って口外してはならぬぞ。誓いを破れば先の保証はないぞ。

決して口外いたしません、陛下。決して。わざわざお時間をとってお話をお聞かせいただき感謝いたします。ありがとうございます、陛下。

ああ、はいつくばるのは止めてもう下がれ。国会に出る時間じゃ。[4]

離婚

結婚を考える前に、まずパートナーが自分にふさわしい相手であるかきちんと確認すべきだ。高貴な身分の人以外離婚は不可能だからだ。ただし、夫婦の一方が夫婦としての生活を行う能力がない場合は別で、その場合、床入りによる結婚の完了がなされていないために婚姻を無効とできる。しかしあなたが女性であれば、それを自分で証明しなければならない。夫の側は、妻を教会裁判所へと連れていって、妻は夫婦の寝室で義務を果たせないか果たそうとしないと宣誓しさえすれば、それは本当だと認められて、妻は夫の言う通りにしなければならない。結婚には強制的な性交《レイプ》といった問題は存在しないのだ。しかし妻の側が夫を同じ理由で裁判所へと連れていった場合、問題はもっと複雑になる。

たとえば1432年7月、ヨークでジョン・スカセロクが調べを受けた件がある。教会裁判所は娼婦の一団を手配し、娼婦たちはジョンのところへ行って、服を脱がせ、彼に触れ、また自分たちの体にも触れさせた。だがジョンの体はなんの反応も示さなかった。ジョンの妻のアリスについては助産師が調べた。そして、アリスは女性として「十分に機能し」、丈夫でその意欲もあるが、しかしジョンは結婚してから「アリスを肉体的に」知らず、また娼婦が証明したようにアリス以外の女性も相手にしたことがない――こう報告した。この事実すべてが裁判所に詳細に報告された。[5] かわいそうなジョン。こうした事実は結婚が無効であるという十分な根拠となり、まるで結婚など最初からなかったことのようにされ、また女性にまつわるジョンの評判はおそらく回復することはなかった。そしてアリスは晴れて自由の身となり、寝室で義務を果たしてくれる新しい夫を探すことができたのだ。

夫婦のあいだでは妻は誠実でなければならないが、夫は必ずしもそうではない。これは、妻が産む子どもはすべて夫とのあいだの子だとされ、また自分の子ではないのにわざわざ育てようとする夫などいないと思われるからだ。夫が誠実でない場合は、妻以外の女性の子を育てることにはならない。相手の女性の夫にとってはそうではないが。だから、夫に裏切られた妻からの訴えが裁判所にもち込まれることはめったにない。まあ、まったくないことはないのだが。

アリス・ホビーズはウィリアムと結婚して20年になり、ふたりのあいだには5人の子がいる。噂好きの隣人たちがアリスに、ウィリアムが売春宿にいるところを見かけたと告げ口したのは1475年のクリスマスのことだ。アリスはウィリアムを問い詰めた。ウィリアムは、1462年以降、ロンドン、サザーク、北フランスの娼婦たちと数えきれないくらい不貞を働いていたことを認めた。愛想を尽かしたアリスは、「夫の抱擁を拒絶し、結婚生活の義務を果たすことを拒否した」。つまり、もうウィリアムと性交することはないというのだ。ウィリアムはこれに大いに不満だったが、アリスはウィリアムとの離婚を望み教会裁判所に彼を訴えた。ふたりは傍目には立派な夫婦だったものの、裁判が進むとウィリアムの知られざる一面が明らかになった。ウィリアムは国王エドワード4世に仕える外科医であり（フランスでの不貞は王に随伴している際のものだった）、ロンドンの床屋・外科医ギルドの著名メンバーだった。審理のあいだ、ギルド長やホビーズ自身の義理の息子をはじめとする同僚外科医の多数が出廷して、売春宿を訪れるウィリアムを目撃したときのことを証言した。

ふたりの外科医はある夜、客の不興を買って負傷したサザークの売春宿の主人の治療に呼ばれた。たまたま壁の穴から隣の部屋が見え、そこには若い娼婦とベッドを共にするウィリアムがいてふたりはショックを受けたという。こうしたとんでもない行為に走るウィリアムには、これもたまたま目撃者のひとりだったギルド長が厳重なる警告の言葉を与えた。[6] 信頼のおける多数の男性からの証言を聞き入れ、裁判所はアリスに有利な裁定を下し離婚を認めた。しかしこれは21世紀の私たちが思うような完全なる決別ではなかった。アリスはウィリアムと家やベッドを共有することも、テーブルで食事を共にすることももう求められはしないが、ふたりは法の前ではまだ結婚しているとみなされ、どちらも、一方が死去しないかぎり再婚することはできなかった。そしてアリスはウィリアムよりも長生きしたものの、再婚することはなかった。

女性はどのような扱いか？

総体的には、中世イングランドにおける女性の扱いはそれほど悪いわけではない。とくに裕福な家や称号をもつ家のあいだで政略結婚があるのは事実だが、本当に愛し合った末の結婚もある。ここに紹介するのは１４６９年にノーフォークのジェントリの家で起きた1件で、愛によって人生がいかに困難になりうるかがわかる例だ。マーガレット・パストンの長女マージェリーはとんでもないことをしでかした。一家の執事、リチャード・コールと恋に落ちて、ふたりは秘密裡に結婚したのだ。それに気づいた家族は愕然とし、ふたりを引き離そうとした。ここにリチャードがマージェリーに書いたラブレターの一部を紹介しよう。

私の主《あるじ》、そして心の底から愛する妻〔……〕あなたと話したのが1000年も前のような気がするし、私はこの世のなによりあなたといることが望みです。ああ、ああ、愛しい人、私たちを引き離しているものどもは、私たちへの仕打ちなどなんとも思っていない〔……〕

ロンドンから手紙をもたせた友人は、あなたと言葉を交わすことはかなわなかったと言いました。友人とあなたはしっかりと見張られていたから〔……〕。彼らは私たちが一緒になって〔結婚して〕いないと思っているようです……ご主人様〔マージェリーの母、マーガレット・パストン〕には、まずあれほどありのままにお話しした〔のにもかかわらず〕〔……〕。

あの方たちが私たちの結婚をこれほど由々しきことと考えているのは大きな驚きです〔……〕あらゆる手だてを講じるべき件だと考えて〔……〕この結婚に対する障害などあるべきではなく〔……〕。この手紙をだれにも見られませんように。読んだらすぐに燃やしてください。[7]

マージェリーは、恋人からの手紙を燃やすのが耐え難かったに違いない。でなければ私たちがこの手紙を読むことなどないだろうから。パストン家はふたりの結婚を一切認めなかった。マージェリーの兄のジョンが長兄に宛てた手紙では、マージェリーを「恥知らず」だとこきおろし、リチャード・コールの一家は商人にすぎないと書いている。ジョンはお高くとまっているが、パストン家にしても、独立自営農民であるヨーマンからジェントリになってまだ二世代しか経ていないのだ。

女家長であるマーガレット・パストンの求めで、リチャードとマージェリーはノリッジの枢機卿のもとに召喚された。ふたりは別々に審問され、枢機卿はマージェリーに、その結婚はパストン家に恥辱をもたらすのだと諭し、リチャードとの秘密の誓いはふたりの結婚が確かなものであるとするに十分なものだったと思うかと尋ねた。マージェリーは、自分の誓いの言葉がたとえ不十分なものであったとしても、これからその誓いをさらに確かなものにしますと言う。誓いの言葉がどのようなものであれ、神の前でリチャードとむすばれているからです、と。リチャードが語った内容も、マージェリーの話が正しいことを裏付けるものだった。枢機卿は影響力のあるパストン家の人々を怒らせたくはなく、裁定を先延ばしにした。その間、彼はマージェリーを家に戻すことにした。

しかし母親のマーガレットはすでに心を決めており、マージェリーに、二度とパストン家に迎え入れはしないとはっきりと伝えた。マージェリーはノリッジに戻り枢機卿の助けを請うた。枢機卿はマージェリーのために宿を見つけ、結局はふたりの結婚は有効だという裁定を下した。マージェリーの兄のサー・ジョンはそれを無効にするよう求めはしたものの、いったん心を落ち着けると、マージェリーにふさわしい、正式な結婚式が早急に執り行われることを望んだ。マーガレットはジョンほど寛容ではなく、こう言った。「私たちは娘を失いました。見下げた娘です。それに［……］もしあの男［コール］が今このとき死んだとしても、私にとって娘は以前のような存在では決してありません」[8]

結婚とは格式ばったものではなく、勢いでやると言ってもよいくらいのものだった。真の愛とは……まあ、問題だらけだということがわかるものかもしれない。慎重に選択のほどを。

子どもはどのように扱われるか？

21世紀に赤ん坊の「おくるみ（swaddling［スウォドリング］）」と言えば、毛布でしっかりと包んで温かく快適に眠らせてあげることで、落ち着きのない赤ん坊も、こうしてくるまれると長い時間眠るという統計がある。しかし中世においては、「スウォドリング」というのは少女が覚える技術だ。小さな弟や妹を、何枚も重ねた布ととても長い「帯」を使ってくるむ技を練習するのだ。赤ん坊の手足がまっすぐに伸びて成長するように、また赤ん坊が危ないものに近づかないように、布と帯で縛って体を動かせないようにしておくわけだ。中世にいるあいだにこの仕事があなたにまわってきた場合に備えて、ここに赤ん坊のくるみ方を紹介しよう。

まず、赤ん坊はリネンのシャツを着ている。「T」字形の簡素な服で前開きだ。なにより大事なのがおむつだ。赤ん坊のおしりにリネンを二重に巻き、夜間はフランネルの四角い布「ピルチ」（おむつカバー）を重ねて補強する場合が多い。しかしそれでも漏れは問題だ。次は「ベッド」。この帯状の布を赤ん坊の胸から足へと巻いていき、足までいったら、そこからまた背中へと巻いていく。「ビブ」はあごの下に当ててよだれ受けにするもので、赤ん坊に歯が生えかけていてよだれがひどければ、もっと丈夫な「ピナフォア」（エプロン）を代わりに留めることもある。

スウォドリングを施した赤ん坊に授乳しながらいくつもの仕事をこなす女性。これは水を運ぶ様子。

赤ん坊の頭は温かくしておくことが大事だ。まず「クロス布」というリネンの帯を額に巻く。それから「ビギン」という頭にぴったりの羊毛の帽子をかぶせる。この上に、もっと大きめの帽子やフードをかぶせることもある。頭と首を支えるくるむときに使うピンはすべて洋服屋のピンで、安全ピンではない。だから赤ん坊に刺さってかわいそうなことにならないよう、十分気をつけること。

ことが必要な、生まれて間もない赤ん坊は、「ステイバンド」という幅広のリネンの布を頭の上に渡しかけてシャツの肩に留める。

赤ん坊の頭を正しい位置にしっかりと固定したら、体のほかの部分に7・5センチ幅のリネンの布を巻いていくが、寒い季節であれば毛織物を使う。この布は、すでに書いたように、まずは胸からはじめて足へと下に向かって巻いていき、足からまた上へと、心地悪くならないようにしわを伸ばしながら巻く。生まれて間もない赤ん坊は腕を体の脇にぴったりとつけて巻くが、少し大きくなったら腕は自由に動かせるようにしておく。とてもめんどくさそうだと思うかもしれないが、おむつを替えるときには毎回、このおくるみはほどいてまた巻きなおさなければならない。

しかし赤ん坊はずっとスウォドリングを施されているわけではない。はいまわることも許されているし、立ち上がることができるようになると、スウォドリングはすっかりはずしてしまう。忙しい母親はスウォドリングをせずに、子を揺りかごに入れて「レースをかける」こともある。これはいわば揺りかごの上に網を張って赤ん坊が揺りかごから落ちないようにしたもので、赤ん坊が揺りかごのなかで足をばたつかせようが動きまわろうが、自由にさせておくのだ。ときには、赤ん坊の背に板を当ててスウォドリングを施し、運べるようにしたものもある。

この板には裏に輪になったロープがついている。これをフックにかけて板を吊り下げて、赤ん坊を邪魔にならないところにおいて見守ったり、母親が農作業をしているあいだ、安全な場所にある木に吊り下げておいたりできるようになっていた。

検視官裁判所の記録を見れば、どれほど予防措置を取っていても、子どもの事故はゼロではないことがわかる。スウォドリングや揺りかごで安全確保していたつもりでも、赤ん坊が火事で命を落とすことがあるのは周知の事実だ。また親たちは赤ん坊に添い寝しないよう警告されている。赤ん坊に覆いかぶさってつぶしたり、窒息させたりする危険があるからだ。子どもが動きまわるようになると危険も増す。怖いもの知らずの幼児は井戸や池や小川に落ちたり、火やぐつぐつと煮え立った大鍋に倒れこんだり、あるいは外にはい出て通りかかった荷車とぶつかったりということもある。予期せぬ事故は起こるものだ。赤ん坊にまったく危険のない家などないが、裁判所の記録からは、乳幼児に気を配らずにほおっておく家庭はめったにないことがわかる。

スウォドリングをしていない赤ん坊は裸のままや、寒いときには毛布でくるんでいるだけという場合が多い。前開きのシャツだけを身にまとっている幼少の頃のイエスのイメージだ。この格好ならトイレトレーニングが簡単だったに違いない。通常は、貧しい家庭では赤ん坊の世話は母親がおもに担う。そして授乳は、給料は出ないが赤ん坊のためには絶対に必要な仕事だ。

母親が亡くなったり体調が悪くて授乳できなかったりする場合を除いては、貧しい家では乳母を雇うことはめったにない。母親が授乳できず乳母も雇えなければ、パンや布切れを牛乳に浸して赤ん坊に吸わせたり、杯で赤ん坊の口に牛乳を注ぎ入れたりして授乳するしかない。こうしたやり方でたっぷりと乳を与えるのは難しく、また不衛生で、さらには病気に対する免疫を母乳から得られないため、赤ん坊が病気になる危険が増してしまう。しかし裕福な家庭では乳母を雇うことが一般的で、赤ん坊の離乳後も雇われて、大きくなるまでその子の世話をする場合も多い。そうではあっても、教会は母親が自分で子どもの世話をすることを奨励している。

子どもはみな、転んだり病気になったりすると慰めてもらう。湯に入れてもらい、子守歌を歌って寝かしつけてもらい、食べやすいように、肉をかんでやわらかくしてもらうことさえある。たとえそのはかない命が1年も続かないことがあっても、中世の平均的な子どもは愛情を注がれている。

子どもたちの教育はどう行われるのか?

トーマス・タッサーはいわばテューダー朝期のコメンテーターで、大方は、主婦に役立つ分別のある助言を行っていた。また彼の有意義な教えは中世の教育にもおよんでいる。

無価値なものについて語られることはあまりない
教育を受けないくらいなら、子どもは生まれてこないほうがましだ
コッキング付きのコックニーはばかにされることこの上ない
徒弟にも、農作業にも、学校にも適さない
神を祝福し、神に仕え、教会で祈ることを子に教えよ
それから母親として祝福を与え、あるいはシラカバで祝福せよ
これが主婦のすべきことで、これ以上のなにが必要というのか？
しかしこれでこそ男たちはみな、あなたたちを真に良き母と呼ぶ

この文章は幼い子どもを教育するのに必要とされるすべてのことを伝えている。それは母親や、もし母親がそばにいなければ乳母が通常は行う仕事だ。「コックニー」とは本来は、甘やかされてわがまま放題に育てられた軟弱な男の子だ。「コッキング・マム」とは子どもを放任しわがまま放題にさせている母親のことで、そうした母親の子は、徒弟になるにも農作業するにも、将来学校へ通うにも適さない。だから「子どもを甘やかすなかれ」。これが第1のルールだ。子どもが最初に学ぶのは「主の祈り」、「使徒信条」、それに「アヴェ・マリアの祈り」だ。使

徒信条は礼拝で暗誦される連禱《れんとう》で、「天地の創造主、全能の父である神を信じます」という言葉ではじまる。赤ん坊の洗礼では代父母が、代子《だいし》を「火や水の危険から」守るだけでなく、その子にキリスト教信仰の基本を教えることを誓う。本来はラテン語であるこうした祈りの言葉は、ＡＢＣや数字といった基礎的な知識と一緒にホーンブックに書かれている。

ホーンブックとは実際には本ではなく、シラカバの樹皮で作ったごく薄いシート（のちには紙になった）で、角（ホーン）で作った透明のカバーで覆いこのシートを保護している。これを小さな木製の枠にはめて取手をつけ、子どもがもちやすいようにしてある。卓球のラケットを四角にしたような形だ。こうした長もちする教育補助具は何世代も引き継がれることが多い。

代父母についてもう少々。中世においては、出産は女性のみが関わることだ。子が生まれるのに数日かかることもあり、母親になる女性はあらゆる面で、女性の親族や友人、隣人たちからの励ましを必要とする。こうした女性たちはまた、赤ん坊が生き延びそうになくその場で洗礼することが必要な場合は、急遽、代母の役割を果たさなければならない。代父母は「godsibs」——つまり神の兄弟姉妹（siblings in God）——とも言われる。お気づきのとおり、女性の一団が何日か座り込んでたくさんおしゃべりし、そして話し合う話題が尽きたら、おそらくは噂話の交換になるだろう。こうしたおしゃべりが「godsibing」つまりは「ゴシップ（gossiping）」と言われているのだ。

子どもは3歳になると教会へ行く決まりで、祈るときにおじぎをしたりひざをおったりするタイミングや神を敬うことを学ぶ。子どもたちはまた家庭でも家族と一緒に祈る。つまりルールその2は、「子どもに神と教会を敬うことを教えるべし」である。

トーマス・タッサーの最後の教えに現代人は反発するだろう。体罰の使用だ。子どもをたたくことは現代社会の大半では違法だが、中世の人々はそう考えてはいない。タッサーが言うように「シラカバで子に祝福を与える」のだ。言い換えれば、よいむち打ちはだれにもなんの害も与えない。身体的なしつけは学習とマナーの両方を身に付けるのに不可欠だと考えられていて、子どもはそれを潔く受け入れるべきだとされ、最良の教育法として歓迎されてもいる。体罰は子どもたちに権威を敬うことを教える。子どもが誤った行動をした場合、その子に言い聞かせようとしても無駄だ。子どもには悪行と善行の区別がわからないからだ。だからルール3は、「大目に見てはならない。たたくことは悪いどころかためになることであり、子どもの教育には欠かせない」

ペット

中世では人々の生活が動物ととても近い関係にあることがわかるだろう。貧しい家庭は家のなかで牛やヤギ、鶏数羽を飼っている場合があり、寒い冬には一緒に暖を取り、夜には互いの安全を守っている。馬や牛は畑を耕し荷車を引く。犬は財産やヒツジの群れを守る。騎士は軍馬《デストリア》を飼い、粉挽き人はネコを飼って穀物にネズミが寄って来ないようにしている。動物は食物や衣類を提供し、荷を運ぶ。しかし、私たちには「仲間」としての動物も必要で、さまざまな動物がペットとなる。

ネコや小型犬はもっとも人気のあるペットだが、リス、鳥、アナグマやサル、オウムでさえも飼い主を楽しませ、安らぎをもたらし、またその地位を示すものとなる。レオナルド・ダ・ヴィンチの絵画「白貂《しろてん》を抱く貴婦人」に、よくなついた様子のオコジョ（「白貂」とは冬毛で白くなったオコジョ）（その毛皮は非常に豪奢な衣類になる）が描かれているのは、どう見ても、この女性の高貴さを表すためだ。[9]

ネコは中世の考え方では難しい存在だ。ネコはネズミを捕まえ、またネコの「毛皮」は下層の人々が寒さをしのぐために身に着けるのことのできる数少ない毛皮のひとつだ。１３６３年の奢侈禁止法で認められている。しかしネコには悪魔のような一面もある。ヨーク公エドワードは15世紀初頭に、狩りに関する書『狩猟の達人 *The Master of the Game*』を著し、「悪魔の魂をもつ獣がいるとしたら、それはネコだ」と書いている。エドワードはこう解説している。ネコはネズミや小鳥をいたぶってから食べる。それは悪魔が罪びとを、地獄へと落とす前にいたぶるのとまさに同じだ。

とはいえ、ネコにも名誉挽回のチャンスはある。エクセター大聖堂はネコを雇っている。大聖堂の北側翼廊にネコが通れる大きさの穴を開けて、ネコが大小のネズミを捕まえられるようにしている。そしてネコは、ネズミだけでは足りないエサを補うのに週に1ペンスの給料をもらっているのだ。13世紀に書かれた女性隠者のための手引き書『アンクレネ・リウレ *Ancrene Riwle*』によると、隠者としての孤独な暮らしを自らに課した女性たちにとってネコは唯一許された仲間であるが、しかしネコに愛情をかけてはならない。正しくは神に向けるべきだからだ。

レスター伯シモン・ド・モンフォール夫人であるレディ・エレノアは、1265年にネコを2ペンスで買った。しかし、ネコとはもっと価値があるものだと考える人々もいた。1294年にはウィリアム・インゲリースが、彼のネコを奪った隣人に対して訴訟を起こしている。ウィリアムが言うには、このネコは少なくとも6ペンスの価値があった。

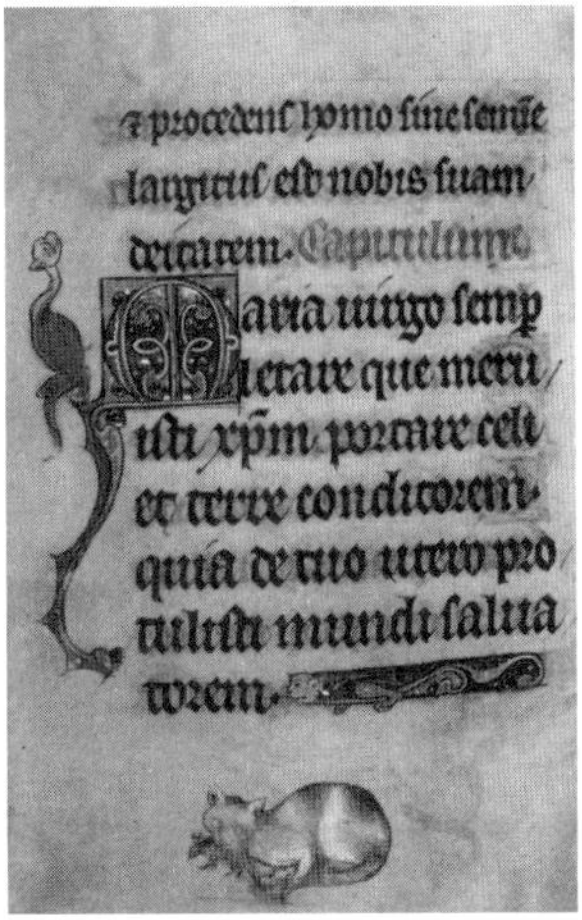
ネズミを捕まえた飼いネコ

13世紀初頭に書かれたイングランドのある動《どう》物《ぶつ》寓《ぐう》意《い》譚《たん》では、ネコはごく簡単に触れられているだけだ。しかしその写本の彩飾師の生き生きとした想像力のおかげで、そこに描かれている小さな姿は文章以上のことを伝えている。挿絵では3匹のネコ――2匹は灰色、1匹は黒――が金色の月や星が浮かぶ群青色の空を背景に描かれていて、ネコが夜行性の動物であることを表現している。灰色ネコの1匹は、大きな黒いネズミを前脚で捕まえている。黒ネコは、鳥かごを開けてなかの小鳥を捕まえようとしており、なかなかの知恵者のようだ。そして3番目のネコの様子は私たちに非常になじみがあるものだ。この灰色のネコは、家のなかでも一番居心地のよい場所、火のそばで丸くなって眠っている。彩飾師は、この写本の著者よりもネコの知識があるようだ。

この動物寓意譚の著者は明らかに犬好きだ。この書では犬に6ページが割かれていて、犬はどの動物よりも頭がよいと書かれている。犬はその嗅覚で森の動物を追い、ヒツジや主《あるじ》の財産、それに主自身をも守る。ここまではいいことずくめだ。だが残念ながら、著者はこう続ける。犬が傷を舐めると治るのだから、子犬の舌は腸の傷や炎症にとてもよく効く（中世の医学書では痛風の治療に、生まれて間もない、まだ目が開いていない子犬をゆでたものを使っている）。我が寓意譚の著者は、犬はとても忠実なため、主人が死んだり死にかけたりしていても、そのそばを離れようとはしなかったという昔の話を多数紹介している。しかし過去を振り返れば、常にこうはいかないのだとわかる。

本ページのコラムに登場する犬「マス」については、まるでヘンリー4世が望んだようには国王リチャード２世はマスという名の犬を飼っていた。国王のいとこのヘンリー・ボリングブロクが国王を投獄し退位を求めたときにも、この犬は国王とともにいた。リチャード２世が結局ヘンリーの要求に屈すると、マスはそれまでの主を捨ててヘンリーの側へと走った。ヘンリー４世の称号を得た新しい国王は、マスの変節を、自分の治世にとってよき兆候であり、新たな世に対するイングランドの人々の忠節を意味するものだととらえたようだ。

いかなかった。先を読む能力となると、犬たちは完全無欠とはいかないのだ。

立派な貴婦人たちにとってはラップ・ドッグ（非常に小型の愛玩犬）は役に立つアクセサリーだ。地位の象徴や友人であるばかりでなく、寒くすき間風が吹く城では、犬はご婦人方の手足を温める生きた湯たんぽになる。小さなラップ・ドッグをかわいがるあまり、記念碑や墓にまで一緒に入り、主とともに永久に記憶にとどめてもらうことを望む貴婦人方もいる。サセックスのチチェスター大聖堂にあるアランデル家の墓に描かれている犬は、アランデル夫人の足を永久に温め続けている。同じくサセックスのトロットンのセント・ジョージ教会にある、14世紀初頭のレディ・カモイズ、マーガレットの真鍮の記念像の足元にも子犬が置かれている。またダービーシャー、ノーベリーのマーガレット・フィッツハーバートは亡くなると、小さな愛する犬と一緒に葬られた。ほかにも、聖職者や公爵や騎士の墓や真鍮の記念像に、主とともにお気に入りの犬が見えるものがある。しかしこれはイングランドだけの伝統ではなかった。フランスの貴族やその妻、それから歴代フランドル伯（現在のベルギー北部を支配した領主）やそのご夫人方もみな、自分のペットが死後もずっと一緒にいることを望んだのだった。

第9章 戦争

プランタジネット朝期の中世イングランドは、いつもどこかと戦争をしているような状況だ。戦う相手はたいていはフランスだが、この時代にはスコットランドやウェールズとも争っている。年代史家のジャン・フロワサールは百年戦争について記録を残している。百年戦争という名称が最初に用いられたのは1850年頃のことで、一連の戦争が1337年から1456年まで断続的に行われたことからこう呼ばれた。フロワサールは北海沿岸低地帯諸国(現在のベルギー、オランダ、ルクセンブルク)出身だったが、イングランド人のことをよくわかっており、「イングランド人は、戦に勝利しないかぎり国王を愛することも敬うこともなく、また武器と、隣国、とくに自国よりも強く裕福な国と戦争することを愛する」とまとめている。身分が高い人々には、身代金や、土地を荒らさない代わりに受け取る賄賂や戦争でときに起こる略奪など、戦利品という思わぬ収入が入ることもある。しかし一般の兵士にはあったとしてもこうした報酬はわずかで、そして戦争に巻き込まれるすべての人々にとっては、常に負傷したり命を落としたりする危険がある。

何度も出征するのか？

これは難しい質問で、答えはあなたの性別や年齢、身分による。あなたが若い男性で領主の従者として仕えているなら戦いの訓練を受けるだろうし、そして戦争に行く機会が生じたら、勇気とそのスキルを試したいと思うだろう。しかし戦う訓練も受けておらず、武器といえば戦いに対する熱意だけという人々が、ときに戦場に立つことがある。たとえば１２６０年代の第二次バロン戦争では、１２６４年のサセックスにおけるルイスの戦いで、レスター伯シモン・ド・モンフォール率いる軍のなかにロンドン熟練兵部隊がいた。しかし熟練兵とは名ばかりで、おもに徒弟や労働者から成るこの部隊の兵士たちは、たいして戦争の訓練を受けてはいなかった。敵であるエドワード皇太子の騎兵から追撃されると、ロンドン熟練兵部隊がきびすを返して故郷の方へと逃げ出したのも無理もない。

しかし図らずも、この部隊はシモン・ド・モンフォールがルイスの戦いに勝利する転機を作ったのだった。エドワード皇太子（のちの国王エドワード1世）とその若き騎士たちもまた戦争経験がなく、逃げる部隊の追走に終始して戦場を離れてしまったからだ。このため、エドワードの父である国王ヘンリー3世は折悪しくモンフォールと対峙することになってしまった。国王は敗北してモンフォールの捕虜となり、モンフォールが権力をにぎった。モンフォールは今でいう国会の編成というすばらしい仕事をなして国を統治した。しかし、敗戦から十分に教訓を学んだエドワードが、それを教えてくれたモンフォールに対して形勢を逆転させ、1265年のイーヴシャムの戦いでモンフォールを破り命を奪った。[1] こうした内戦が行われた時代には、だれもが戦闘に巻き込まれる可能性があったのだ。

1403年のシュルーズベリーの内戦を戦った国王ヘンリー5世は戦争を熟知していた。ヘンリー5世は当時は皇太子にすぎなかったが、父王ヘンリー4世とともに戦い、ノーサンバランド伯ヘンリー・パーシー、その息子のホットスパー、ウェールズ人同盟者のオワイン・グリンドゥールが起こした反乱を平定した。[2] 戦争の手練《てだ》れである国王ヘンリー5世に、戦争経験についてお話をうかがおう。

陛下、内戦中とその後のフランスでの紛争におけるご経験についてお聞かせ願えますでしょうか？

かまわぬだろう、神の御心なれば。

私はこれまで陛下にお目にかかったことはありませんが、陛下の肖像画は拝見したことがあります。今お目にかかり、陛下の肖像画がなぜ横顔なのか合点がいきました。陛下の頬にあるひどい傷は戦争で負われたものなのでしょうか。

今更そのようなことを？　その通りだ。シュルーズベリーの戦いで顔に矢を受けたのだ。

お顔を守るヘルメット（兜）はお召しになっていたのでしょう？

もちろんだとも、我らはヘルメットではなくヘルムとバイザー（面頬《めんぼお》〔顔面と喉を守る部分〕）と呼ぶがな。だがあの戦いは7月で、暑い盛りのことであった。水配りが余に水をもってきて、余はすぐにも飲みたかった。経験不足から犯した一瞬の不注意よ……。戦闘のさなか、脇へよけることもせずにバイザーを上げてしまった。ウェールズの射手畜生が一瞬のスキをついて放った矢が、余の顔に消えぬ傷を残したのだ。

けれどもお命は助かりました、陛下。

余の外科医であるブラッドモア師が人ができうるかぎりの治療を施し、もちろん神も師をお導きくださった。傷はときに痛むことがあるが、余は国王となる運命にあるゆえ死んではならなかったのだ。

そうですとも、陛下。それから、今はフランスで戦われておられますが、その理由はい

Cibabis nos pane lacrimarum: et
potum dabis nobis in lacrimis in

的を狙って射る。弓術の訓練は義務だった

かがなものでしょうか？

フランス国王の地位も、エドワード3世（母親がフランス王の娘であることからフランスの王位継承権を請求し、百年戦争を開始した）から引き継ぎ余のものとなるべきだからだ。イングランド国王たる者はみな、フランスと戦うのだ。

ですが戦費はとても高くつくのではありませんか？

もちろんだが、そうではないときのほうが掛りが大きいこともある。

どうしてでしょうか、陛下？

我が国の歴史をわかってはおらぬようだな？　他国と正式な戦《いくさ》を行っている場合は、イングランドの貴族たちは団結し、共通の敵と一心に戦うものであろう？　そうでない場合、戦がなければ訓練することもほぼない。そして貴族間での争いは起こり、内乱ともなれば他国との戦よりも由々しき事態だ。フランスとの戦とはつまり、国内は平穏だという意味だ。シュルーズベリーの戦いで学んだのは、バイザーを閉じておくことのみではなかったわけだ。

インググランド軍はアジャンクールの戦いでフランス軍に勝利しましたが、これは奇跡だと言われております。

我が軍の勝機はごく小さかった。フランスの軍勢は我が軍を大きく上まわっていたが、しかし神は我々にお味方され――それでも対等とは言えなかったが――我が軍有利に進んだのだ。神はイングランドが勝利するようお計らいになり、そう、それは奇跡であった。貴族で命を落としたのは余のいとこ、ヨーク公のみであり、倒れた馬の下敷きになり泥に埋まってしまった。

この戦いの勝利はイングランド軍の長弓《ちょうきゅう》隊のおかげだと言われてもいます。それは本当なのでしょうか?

平民の射手もよくやってくれた。それは確かだ。だが我が軍の誉れ高き騎士たちもよくやっている。今や、武器を手に兵として戦にくわわるか、我々の邪魔立てせずにおくかのどちらかしか道はなく、いずれにしてもこのゲテモノ食いのフランス人どもをさっさと征服するのだ。余は勝利の栄冠を手にする、それが神の御意志だからだ。

イングランドの王たちはおそらく、長弓が秘密兵器であることを認めたくはないのだ。それは長弓の射手が庶民だからだ。だが、エドワード3世とヘンリー5世が長弓隊の技術に大いに助けられているのは周知の事実だ。今後の世代にも長弓の高い技術を維持させるため、また長弓を射るのに必要な筋骨を鍛えるには何年もかかることもあり、長弓の訓練は法律で義務化されている。12歳から60歳までの体格のよい男性は、日曜日の教会の礼拝のあとに「標的――つまり藁の的――を射る」ことが必要だ。女性の参加も歓迎されている。兵士不足の折に、女性も長弓の射手として投入されることがあるかどうかはわからないが。

言葉は正しく使うこと。矢は「撃つ（fire）」ものではない。矢は弓で射る（shoot）あるいは放つ（loose）ものだ。大砲や最新式の「銃」は「撃つ」兵器だ。

どのような戦闘を行うのか？

14世紀から15世紀初頭にかけてのイングランドにおける究極の兵器は長弓だ。これは、メープルやイチイの木で作った180センチもの長さの弓に、リネンや麻、動物の腱が材料の弦《つる》を張ったものだ。熟練の長弓射手は1分間に10本から12本もの矢を射ることが可能だ。進軍してくる敵に対して雨あられと降り注ぐ矢の威力は破壊的で、馬は恐れおののき前進できなくなる。射程は280メートル近くあり、150メートルほどまでは殺傷力をもち鎖帷子《くさりかたびら》を貫通する威力がある。しかし長弓には限界もあり、おもに防御用の兵器であって、最大の効果を発揮するのは進軍してくる敵騎兵に対してだ。敵が進軍してこなかったり戦場が長弓の使用に適した地形でなかったりすると、たいして役には立たない。長弓はイングランド軍特有の武器であり、フランス軍がよく使うのはクロスボウだ。これは射程が長いものの、矢を射るスピードでは大きく劣る。おそらくは1分間にせいぜい3本程度だろう。ジェノヴァの傭兵はクロスボウの腕が立つことで知られ、フランス軍に雇われることが多い。

あなたが射手ではなくとも（それに12歳からの訓練も行っていないのだから、弓を扱うのが得意なはずもないだろう）、バナレット騎士（自らの旗印のもと兵を率いて戦いに出ることを許された騎士）（日給4シリング）をはじめとする重騎兵や下級勲爵士（男性が受ける最下位の称号で、バナレット騎士に従って戦に出た）（日給2シリング）、騎士の従卒（エスクワイア、日給1シリング）にくわわる可能性もある。敵味方とも重騎兵と言えば必ず馬に乗る兵士であり、このため乗馬ができる必要があるが、その方が有利と見れば馬を降りて戦う。重騎兵は長さ3〜3・6メートルほどのランスを携行する。ランスとは、柄は木製だが、金属の穂先であるグレイブをもつ槍の一種だ。また長剣（ロングソード）や短剣（ダガー）もある。短剣は、致命傷を負った者にこれでとどめを刺して楽にしてやることがあるため「慈悲（miserichord）」とも呼ばれる。馬に乗った重騎兵が使う武器はほかにもある。戦斧《せんぷ》や鉄槌《てっつい》、スパイク付きの棍棒やメイス（戦棍）だ。身を護るためには、小さな鉄の輪を鋲《びょう》やはんだで留めた鎖帷子であるホーバークや、硬い皮革にキルティングを施して羊毛を詰めた胴衣、ギャンベゾンを身に着ける。その上には革製のサーコート（上着）であるジュポンを着て、これでさらに防御性を高める。ホブラーと言われる軽騎兵は日給１シリングだ。軽武装で、鉄帽、鉄製のガントレット（籠手《こて》）、鉄の鋲がついた短いキルトの上着「ジャック」を身に着けている。頭部の防御には、１３４６年のクレシーの戦い（百年戦争の一環としてフランス北部で行われた戦い）では「バシネット」が流行していた。「バシネット」はフランス貴族が身に着けた兜で、つき出た鼻のようなバイザーが付いていて、それには呼吸しやすいように小穴がいくつも開いている。馬でさえもバードという馬鎧《うまよろい》を着け、ある程度身を守られている。優れた軍馬は１頭１００ポンドを超すこともあるので守るのも当然だ。

歩兵は１８０センチほどの長さがある槍をもつ。穂先は金属製で重く、形状の違いによってパイク、ビル、ハルバードなど名もさまざまだ。歩兵は短剣やバックラー（小型の盾で白兵戦向け）も携行する。頭部の防御には、裏地なしの鍋型の金属製帽子（ケトルハット）が一番便利で、水を運んだりこれで煮炊きしたりするという使い道もある。14世紀初頭には砲も戦場に登場しつつあるが、その射程や精度はお粗末で、敵ばかりか砲手までも命を落としてしまうような代物だ。砲は、敵を怯えさせ、とくに馬が驚いて逃げ出すことがその大きな役割なのだ。

イングランド軍は１３４６年のクレシーの戦いで大砲を使用したと考えられている。ジャン・フロワサールもこう書いている。「イングランド軍は射石砲《しゃせきほう》（石球を打ち出す初期の大砲の一種）を2基保有しており、2、3発撃っただけで、その轟音にジェノヴァ兵たちは混乱に陥った」。イングランド軍が大砲（当時はその音にちなみ「crakys of war」［crakyはcracker［クラッカー］のことと思われる］と呼んでいた）を初めて使用したのは、1327年、スコットランド軍との戦いだった。また6年後には、エドワード3世がスコットランドとの戦争におけるベリック包囲戦で「銃（gounes）」を使用している。当初は銃も火薬も輸入していたが、まもなくイングランド国内で製造されるようになる。古くは1333年に、議会の支払い記録に王室が硫黄と硝石を購入したとある。そして硫黄も硝石も、ロンドン塔での火薬製造のために大量に購入されることが続いた。1345年にはエドワード3世が「リボルディ（ribaldi）」、つまり小型の砲を鋳造するよう命じており、その後、フランスへと船を出したエドワード3世が、クレシーの戦いでその砲を、おもに敵を怯えさせるために使用した可能性もある。この砲はカレーの包囲戦（1346〜1347年、エドワード3世がフランスの港湾都市カレーを包囲し開城させた戦い）でも使われたようで、

中世の戦闘の再現

エドワード3世の統治末期にはフロワサールが、イングランド軍はサン・マロの包囲戦（１３７６年にフランスのサン・マロ包囲を試みた。百年戦争のひとつ）では１００基もの砲と臼砲《きゅうほう》（大重量の弾丸を使用し城郭の攻撃などに用いた火砲の一種）を保有していたと記録している。しかし包囲戦用兵器としては、エドワード3世が使用した銃や砲は、実際に効果を上げるというよりも威力を見せつけるためのものだった。[3]

あなたが若い男性で、軍馬に乗馬用の馬１、２頭、それから荷駄用の馬、従卒《エスクワイア》、上質の剣や槍その他の武器、それに15世紀末であれば非常に高価だったプレートアーマー（板金鎧《ばんきんよろい》）（胸部や全身を覆う金属製の鎧）をそろえるだけの財力があれば、騎士としての訓練を受けることも可能だ。それには、まずは領主に頼み込んで、自分を騎士見習いとして領主の家に置いてもらわなければならない。それから、馬術や剣術、戦闘戦術や戦略の基本、さらには礼儀やマナーを学び、騎士の従卒として仕えることが可能になる。従卒とは上流階級の付き人で、馬の世話をし騎士の武具を磨き、武器を研ぎ、また騎士の食事の給仕や着替えの世話、戦闘に向けた騎士と馬の準備といった仕事も受けもつ。

その結果、そうした仕事のすべてが第二の天性のように身に付き、そして戦場で大いに勇気を発揮し類まれなる武勇を打ち立てたら、あなたの主や、運がよければ王その人が、あなたが下級勲爵士にふさわしいとみなしてくれるだろう。これは騎士のなかでももっとも低い称号ではあるが、自分に仕える従卒をもつことになり、そして今度はその従卒の騎士修業を援助しなければならない。あなたが騎士としてすぐれていれば、王があなたをバナレット騎士にして自らの小さな旗（バナレット）をもつことを許す。戦場では下位の騎士があなたを大将と仰ぎ、その旗のもとで戦うのだ。庶民でもここまで身分を上げることができるが、それには金と何年もの修業と領主の支援が必要で、だから達成するのは容易なことではない。できれば、戦闘は子どもの頃からその訓練を受けている者に任せることだ。戦争とは流血がつきものの騒ぎであって、決してきれいな、格好のいい仕事ではないのだから。

戦争術の学習

それでも戦争に関わることを真剣に考えているなら、中世でもっとも読まれている指導書をお勧めする。ウェゲティウスによる兵士向けの手引き書『軍事論』だ。驚くことに、フラウィウス・ウェゲティウス・レナトゥスがこの書を著したのは紀元4世紀であり、それ以降、この書を超える手引きを著せる者はいなかった。ウェゲティウスは兵士ではなく皇帝の財務管理者だった。このためおそらく彼は、皇帝が軍事に関して無駄な出費を行わないように、もっとも効果的な資金投入を助言することを念頭にこの書を著したのだろう。ウェゲティウスの著作は西洋社会で大きな影響力をもつ唯一最高の軍事論となり、中世以降も、ヨーロッパの軍事戦術や戦闘法、軍事訓練に影響をおよぼしている。ヨーロッパで戦争を行う者ならだれもがこれを読んでいると思われるので、目を通しておかないと不利になるだろう。国王リチャード3世もこの書をもっていたことがわかっている。

幸いにも、1408年にバークレー卿トーマスが、ウェゲティウスがラテン語で書いたものを英語に翻訳し、またある時点でこの書はアップデートされて、長弓や砲といったより新しい兵器も採り入れられた。『軍事論』は4部構成だ。第1部は兵士の選抜と訓練、および兵士に適した体力を保つための日々の運動（走る、跳ぶ、行軍、それから水泳まで）が書かれている。剣や盾、その他の携行武器の扱い方では、剣を手にしたまま馬に飛び乗ったり飛び降りたりする方法まで教えている。また軍の野営地について、設営方法や防御の強化の詳細についても書かれており、敵の接近による急な事態に備えるもの、あるいはもっと時間をかけて防御を固め快適にし、野営地の環境を整えるためのものまである。

第2部はウェゲティウスの時代のローマ軍の構成についてだ。興味深くはあるが中世にはあまり関係がなく、とはいえ「戦争の道具」のリストが掲載され、後世の作家によって、それには火薬など新しいテクノロジーもくわえられている。第3部はそれよりも役に立つ内容でよく読まれており、戦争の原則と軍事理論の基本を詳述し、戦略、戦術、また――これが一番重要だ――自軍の兵士たちの健康を維持し、戦闘に備えさせる方法などが書かれている。ここにウェゲティウスの書にある重要な内容をいくつか紹介しておく。

1 平和を欲する者は戦《いくさ》への備えをすべし。
2 最良の計画とは、それを実行して初めて敵が知るものである。
3 兵士はみな常に体を動かし、気を張らせておくべし。気のゆるみは怠惰につながる。
4 兵士の健康維持にとって、運動と武器操作の訓練は医師と薬にまさる。
5 優秀な指揮官は、戦況や予期せぬ事態によってそうせざるをえないかぎり、戦場に出て戦闘に参加してはならない。[4]

第4部は要塞の建設についての詳細や、要塞を弱体化させ陥落させる最良の方法を扱う。また海戦や、造船、海上での悪天を予測し対処する最良の方法についての項もある。

自身が指揮官の立場にはなくとも、ウェゲティウスの書で学べば、少なくとも自分の指揮官の戦い方が間違っている場合にはそれがわかる。しかし、すぐれた知識を身に付け立派な軍事アドバイスができるからといって、それをおおっぴらに口にしないこと。危険な場合もある。王や王子、公爵や領主たちは常に、戦について一番よくわかっているのは自分たちであって、もちろん、神は自分たちの味方だと考えている。そういう彼らに、あなたたちは大きな間違いを犯しつつありますよなどと言ったら、それこそ自分にとって最大の間違いになる危険がある。彼らはそうした進言をうれしく思わないし、その結果はあなたにとって喜ばしいものではないだろう。まあ、それと戦に負けることのどちらがより悪い結果になるか、事前に判断するのは難しくはあるが。できるとしたら、自分がもっているウェゲティウスの書の関連ページによく見えるしるしをつけて、必ず彼らの目につくところに置いておくくらいだろう。そうしたとしても、指揮官たちがその戦争に負け、あなたも指揮官たちも生き残った場合、絶対に「だから言ったでしょう」とは言わないこと。

生き残る確率はどれほど？

自分の荘園を守るために領主が領地内の農民を招集して戦わせる事態になったり、街を守るため、市長が住民に武器を取るよう呼びかけたりした場合、自分が生き残る確率がどれほどか知りたいだろう。いい知らせと悪い知らせがある。中世の戦闘はたいていが白兵戦だ。目の前の敵の剣や長剣や戦斧をかわすことができれば、生き残る見込みは十分ある。しかし敵も同じく、あなたの武器をかわそうとしていることを忘れてはならない。それに目の前の敵を打ち倒すことができても、そのうしろには別の敵がいる可能性が高い。戦闘とは骨の折れる仕事なの

間接的にではあるが、大砲によって初めて命を奪われたイングランドの貴族は、シュルーズベリー伯ジョン・タルボットだ。1453年7月17日、フランスのボルドー付近で行われたカスティヨンの戦いにおけるものだ。タルボットの馬は大砲に撃たれて瀕死のケガを負って倒れた。その下敷きになったタルボットに、フランス兵がすぐさまとどめを刺したのだ。

だ。

また中世なりの大量破壊兵器も登場しつつある。まずは長弓。大勢の射手が一度に何千本もの矢を射たかと思うと、そのわずか5秒後には次に控える射手たちが射る矢の群れが襲ってくる。正確に狙っているかどうかにかかわらず、それほど多数の矢が何百人もの兵士の頭上から降ってくれば、矢の多くは、馬であれ人であれ的《まと》に当たる可能性がある。次に、大砲の使用頻度も増している。なんといっても大砲には馬を怯えさせる効果があるが、人もまた、火を噴き轟音を響かせ、鉛の球を打ち上げるこの恐ろしい兵器を怖がっている。大砲はとくに射撃精度が高くはないが、正確に狙ったわけではないにしても運悪く球が当たりでもしたら、むごたらしく目もあてられない結果になる可能性がある。

１４６０年にスコットランド王ジェームズ2世は、イングランドの要塞、ロクスバラ城を包囲していた。最新式の攻城兵器である大砲を備えていた王は、その新しいおもちゃを使いたくてたまらず、自ら大砲の1基を撃つことにした。ここで警告。最初の試し撃ちは、やりたくても本人直々に行わないこと。不運にも、王が試し撃ちしたこの砲にはたまたま欠陥があり、王の面前で暴発し、王は即死してしまった。王を失ったことにもくじけずにスコットランド軍は包囲戦を続け、そして城を落とした。しかも、スコットランド側は王のほかはだれひとり命を落とさなかったと言われている。砲撃によるイングランド兵の死傷者の数は記録に残ってはいない[5]。

1485年8月22日のボズワースの戦い（薔薇戦争の決着をつけた重要な戦い）では、国王リチャード3世の軍司令官であるノーフォーク公ジョン・ハワードが、大砲の球によってこの戦の序盤に命を落としている。この悲劇的な死は、リチャード3世にとってこの日の戦いの終わりのはじまりだった。ノーフォーク公の息子のサリー伯トーマスもそばにいて同じ大砲の球で負傷したと見られているが、こちらは回復した。

おわかりのように、貴族であっても戦争で命を落としもすれば負傷もする。しかしヘンリー5世が先に述べたように、瀕死の重傷を負ったからといって、それが必ずしも命取りになるわけではない。もちろん、王や王子や公爵は最高の外科医が診てくれる。しかし単なるかすり傷でも炎症を起こして敗血症になり、それが命取りになることもある時代だ。身分の低い歩兵が負傷した場合にはどうなるだろう？　その答えは思うほどひどいものではない。

いったん1996年に戻るが、この年、ヨークシャーのタウトンの戦い（薔薇戦争中の戦い）が行われたその地からそう離れてはいないところで集団埋葬地が発見された。50体近い骸骨が修復され、その

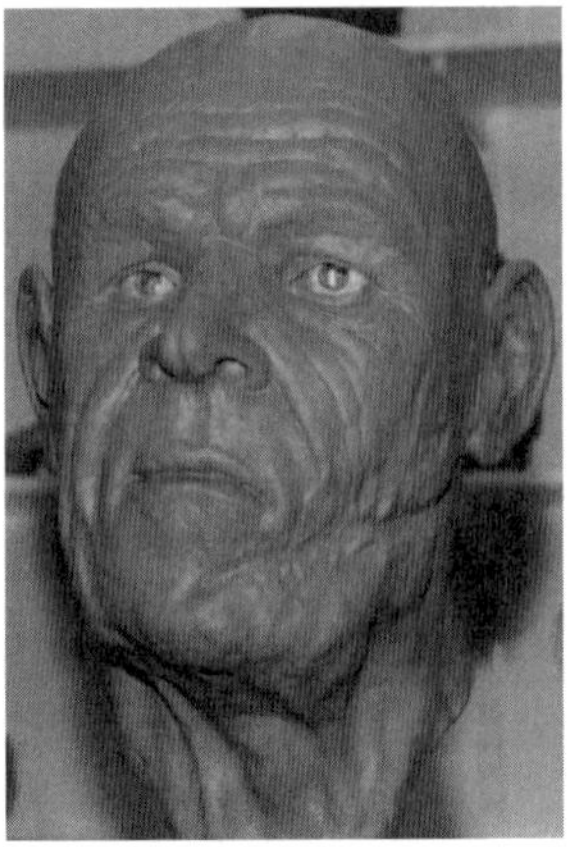
再現したタウトン16号の顔

すべてが16歳から50歳までの男性のものだった。多くが重傷を負って命を落としており、また骨の放射性炭素年代測定を行うと、１４６１年のタウトンの戦いの戦死者だと思われることがわかった。そして「タウトン16号」の番号がつけられた骨には信じられないような歴史が刻まれていた。タウトン16号は非常に背が高く頑健な40代後半の男性で、頭部に受けた刺傷で命を落としていた。しかし、これが彼の初めての戦闘経験ではなく、つまりは初めて武器による攻撃をその身に受けたわけではなかったのだ。タウトン16号は以前にもあごに刃物による重傷を負ったことがあった。向かって左から顔に切りつけられて骨に達する深い傷を負い、骨が削れ、歯も1本失っている。腕の立つ外科医がこの削れた骨の小さな破片を取り除いて傷を治療しており、感染症を起こした痕跡もなく傷は完治している。タウトン16号は重傷も癒えてその後ふたたび戦闘に出るまでになり、そのとき運は尽きるのだ。[6]彼が一歩兵などではないという証拠はないし、なにより、彼は墓標もない墓に、命を落とした仲間の兵士たちとともに埋葬されている。それでも生前にはまさに最高の治療を受けて命が助かっている。だから、戦争で負傷したとしても、みながみな命を落とすわけではないのだ。

戦争から戻った負傷兵はどういう生活を送るのか？

これに対しては残念ながら、あまり好ましくない答えしかない。社会福祉事業などなく、PTSD（心的外傷後ストレス障害）や、今や古い言葉だが砲弾ショック（戦争神経症）という概念を知る者はだれもいない。手足を失ったり目が見えなくなったりといった明らかな障害をもつなら、同情を買ったり、権力者によって通りで物乞いをすることを許されたりするだろう。そうでなければ、あなたを支援してくれる家族がいなければ、修道院や小教区の教会から施しを受けるくらいしか道はない。

援助を受けるにも、「それにふさわしく」なければ物乞いにはなれない。片脚を失ったとしても、たとえば陶工や写字生、靴屋や、その他腰を下ろしてする仕事になら就けるため、生活の糧を稼ぐには支障がないとみなされるかもしれない。失ったのが片腕なら、たとえば伝令となってメッセージを運んだり、居酒屋や料理屋で給仕をしたりといった、片腕でも稼げる道がある。第7章で見たように、可能でさえあれば、だれもが働くことが当たり前の社会だ。バーネットとテュークスベリーの戦い——どちらも1471年にヨーク家とランカスター家のあいだで戦われた——に参加した元兵士にその経験について聞いてみよう。

こんにちは。ここロンドンの通りで物乞いをしていますよね。どうして物乞いになったのか、それからどんなふうに生活しているのか教えてもらえますか？

ああ、だれかが「こんにちは」なんて言ってくれるのはうれしいもんだな。たいていは俺のことなんてこれっぽっちも考えようとはしないし、まるで俺のことなんて見えてないみたいだ。だが俺には時間だけはたっぷりあるんだから、いくらかパンとエールを恵んでくれるなら、知りたいことはなんでも答えるさ。

それでいいですよ。どの程度の負傷だったんですか？

そうだな、バーネットの戦いではいくつかかすり傷を負ったくらいで済んだ。ヨーク家の王エドワード——つまりエドワード4世だ——は反逆者ウォリック伯には勝った。だがウェストカントリー（イングランド南西部）にはまだヘンリー6世の王妃マーガレット・オブ・アンジューのランカスター家の取り巻きたちがいて、こいつらを倒さなきゃならんかった。だから俺は弓をもって王に従い、テュークスベリーってところで悪党たちと戦ったんだ。行くべきじゃなかったがな。俺は立派に戦ったんだ。だがしばらくして接近戦になると、突然大男が俺の前に現れた。まるでゴリアテだ。ゆうに2メートルはあったし、横幅は俺の2倍だ。まあ、ちょっと大げさかもしれんが。

本当はどれくらい？

まあ、でかかった、それは確かだ。俺よりはずっと背が高かった。当然ながら、最悪の状況さ。俺はポールアックス（槍のように長い柄がついた斧）でそいつに立ち向かい、二、三度命中もしたんだ。するとそいつが剣で俺の腕に切りつけた。すごい衝撃だったさ。まだ斧の柄を握ったままの俺の手が足元に転がってたんだ、ほんとだぜ。痛みはなかった、少なくとも最初はな。だが血が噴き出してきて、それでそいつが俺の手だってわかったんだ……。それからその悪魔のようなやつは俺のひざめがけてきやがった。そのあとはたいして覚えちゃいない。

でも生き延びたんですよね。

ああ、ときどき、なんで外科医はわざわざこんな手間かけたんだって思う。俺はもともと屋根葺き職人だったんだ。1日中はしごを上り下りして、棟をつけて、瓦を並べて固定して……これにはほんとに腕がいるんだ。だが今の俺を見てくれ！　なんの役にも立たない。ここに、セント・ポール大聖堂の外に座って、物乞い用のボウルをがたがた鳴らすのがせいぜいだ。それでも金が入る音はたいして聞こえやしない。入ったとしても曲がったファーシング・コイン（4分の1ペンス）か小石くらいだ。夜明けから昼まで座ってそれだけだ。それに、枢機卿にはどこかほかへ行って座ってくれと言われてるんだ。大聖堂に入るたびに俺を見たくはないのさ。俺が目に入るたび、慈しみの心が足りないと言われてる気になるんだろうよ。

それは厳しいですね。

その通りだ。それにこの近所の人たちは俺のことを覚えてくれてて、なかにはひとりやふたり、ときどき俺にちゃんとした食事をおごってくれたり、一緒に夕食を食わせてくれたりするんだ。どこかほかへ行ったら、俺を知ってる人なんていないだろう？ そしたらどうなる？ 飢えてしまう。それだけさ。食い物と言えば、あんたはさっき、俺に食い物と飲み物を恵んでくれるって言ったよな。おいしい三角チーズにパンの切れ端、それからコールドミートにビネガーに漬けたタマネギ、それにフルーツタルトひと切れくらいあれば十分だ。

パンとエールって約束ですよね。王室の宴会じゃないんですから。

お前は冷たいやつだな。枢機卿も顔負けだ。[7]

中世ではご用心。通りの物乞いに成り果てたくはないものだ。援助を受けるにふさわしい物乞いであっても。だから気を付けよう。

第10章

法と秩序

中世イングランドの社会は21世紀と大きな違いがあるわけではない。人々は過ちを犯し、反社会的な行動を取り、法を犯す。犯罪は現実のものであり、暴力は、こう言うのも残念だが日々起こりうる。１２０２年には、当時の人口がわずか５０００人のリンカンで、殺人事件の裁判が１１４件も行われた。家庭内暴力は、ある程度のものまではあるが、社会に受け入れられてさえいる。男性は妻を身体的手段で従わせる権利があるとみなされ、子を罰することは義務だと考えられている。それはそれとして、中世には「治安維持」を求める法律があり、それはタイムトラベル中のあなたにはどんな関わりがあるのだろうか？

一市民としてどう行動するのか？

犯罪が起きたら、あなたが第一発見者である場合は、路上のひったくりであれ押し込み強盗——アングロサクソン時代にはすでに「生垣を壊す」行為（infangenthef）として知られている——であれ、大声を上げ、角笛を吹き、ドアや鍋やフライパンをたたき、とにかく近隣の人々や聞こえる範囲にいる人々に届くいかなる手段も使って「騒ぎ立てる」義務がある。つまり、犯人の正体がわかっていて捕まえることが可能ならば、だれもが犯人を追跡し逮捕すべきなのだ。この警告の声や音を聞いて犯人追跡の義務を免れるのは、幼児や病人や脚が不自由な人だけだ。追跡しない場合は、1275年制定の法律のもと、犯罪者を助けたり教唆したりしたとみなされ、自身も逮捕される可能性もある。しかし、不必要に騒ぎ立てた場合は6ペンスの罰金を支払わねばならない。

消灯の合図である晩鐘が鳴ったあとの強盗は、これが死罪に相当する重罪にもかかわらず、ロンドンではよくあることだ。店からは宝石類や衣類、靴や刃物など、とにかく売れば金になるものが盗まれ、個人の家からも金目のものが盗られる。ありとあらゆるタイプの盗みが行われているのは現代とまったく同じだ。1502年には、コーンヒルである男が逮捕された。「夜間に鉛管や樋《とい》を切断して盗んだ」というのだ。

ゲームでのいかさまもある。１３７５年12月にはロンドンで、オールドゲート区の市参事会員から「サイコロとチェッカー（ボードゲームの一種）賭博の常習者」として告発され、鍛治屋のスティーヴン・ラレフォードが投獄された。このときの罪状は、ウィリアム・ブロウニングを騙して17ポンドという大金を巻き上げたというものだ。彼は保釈されて陪審の評決を待った。[1] 残念ながら、その裁定は記録に残っていない。

暗くなってから外出する場合は、善良な市民であれば松明をもって道を照らさなければならない。そうでないと、夜警があなたのことを、よからぬことを企んで忍び歩きしている悪党だと勘違いすることになる。

地方はどのように治安を維持しているのか？

田舎では、地元の領主とともにカウンティのシェリフが王の名代として法と秩序を守っている。領主の務めには、自分の荘園の治安維持がある。町は、通常は荘園よりもよく組織されている。ロンドンには2名のシェリフと多数の行政官――ロンドン市長がそのトップ――がおり、不測の死について調べる検視官が１名置かれている。さらに各区は、区の市参事会員の補佐役として警官のような役割を果たす教区吏員を任命する。ロンドンの教区吏員はロンドン市長の前で、正直であり油断なく見張ることを宣誓する。とはいえ報酬はわずかだ。

市参事会員の番犬と言われる教区吏員は、通常は犯罪の防止や発見の責任を負う。泥棒や詐欺師、悪評のある女性など、自分の区にいる評判がかんばしくない人物の情報を収集していて、そのリストを参事会員に送り、すると参事会員はその情報を15日かけて精査し決定を下すのだ。スティーヴン・ラレフォードの件でもそうだった。市参事会員がうまく対処できなければ、教区吏員が市長に知らせる。区内で武器を用いた争いごとや暴動があれば教区吏員はそれをシェリフに報告しなければならず、シェリフは執行吏を派遣して支援する。しかし大ごとではない場合は、教区吏員とその部下の筋骨たくましい捕吏が状況に対処する。教区吏員は夜警の名簿を作成したり陪審員を選出したり、ゴミで通りをふさぐといった「迷惑行為を調べる」ために「市街掃除人」を派遣したりもする。1489年にはとくに、テムズ川にゴミを投棄したロンドン市民を捕らえるための掃除人が置かれた。ロンドンはまた、各区に配置されている夜警にくわえ、夜間に通りをパトロールする「巡回監視」も置いている。

教区吏員の大半は正直な人々だ。少なくとも記録では、彼らに対する苦情や不満はほとんどない。しかし、1388年にはある教区吏員が、市参事会員とシェリフに関して嘘を言ったかどで逮捕され解任された。

今日、区の教区吏員はロンドン市の公職としては最古のものだ。現在では、その責務はほぼ儀礼的なものになってはいるが。

教区吏員と市参事会員、シェリフという役職の組み合わせは、中世ロンドンの官職のなかで警察に一番近いものだと言える。

残念ながら、借りた金を返さないといった小さな罪でさえも、投獄を言い渡されることもある。売春は深刻な問題だ。そして売春宿は犯罪者が集まって悪だくみをし、また悪事を働いたあとに身を隠す場だとみなされているため、さらに厳しい目が向けられる。このためロンドンでは、売春宿、あるいは「公衆浴場」はロンドン橋南側のサザークに追いやられている。サザークは悪の巣窟とみなされているが、多くの聖職者がそこにタウンハウスを所有している。ウィンチェスター司教でさえもサザークにもつ物件を有名な売春宿の主人に貸しており、そのことから従業員（モラルの低い女性たち）は「ウィンチェスターの雌ガチョウ」と呼ばれるようになった。売春宿の主人が法を犯せば厳しく罰せられる。初犯の場合、男性は髪とヒゲを剃られ（女性は髪を短く切られる）さらし台にかけられて、市長が命じた期間だけ吟遊詩人が歌にしてもてあそぶ。二度目は投獄、三度目はロンドンからの追放だ。

１４２０年頃に書かれた詩「ロンドン・リックペニー London Lickpenny」は、裁判を起こそうとケント州からロンドンに出てきたある田舎者の青年の経験を語っている。悲しいことに、この若者は弁護士に払う金がない。そのため旅は無駄になる。それどころか、若者は通りの泥棒にまんまとやられる。これは詩からの抜粋だ。

スタンザ2
そして俺が人混みを押し分けて行くうちに
なにかのはずみで俺の頭巾がなくなる
王座裁判所にたどりつくまで
たいしてそこに長居したわけではないのに

スタンザ13
それから俺はまっすぐコーンヒルに行った

そこでは大量の盗品に交じって
俺の頭巾がかけてあるのが目に入った
人混みでなくなった頭巾だ
自分の頭巾を買うなんて間違ってる
その頭巾のことは使徒信条と同じくらいよく知っている
だが金がないから、訴えることはできなかった教区吏員の仕事には不道徳行為の調査もある。1474年にはファリンドン・ウィズアウト区の教区吏員が、ジョアン・サルマンとウォルター・ハイドン（どちらも未婚）がふたりだけでオールド・ベイリー付近のとある家に入ったという疑いをもった。捕吏の役目を担うふたりの屈強な隣人を連れて、教区吏員はその家に接近した。ドアには鍵をかけたり中から閂《かんぬき》をかけたりしている様子はなく、このため教区吏員は捕吏のひとりを連れてなかに入り、もうひとりはなかの男女が逃げないようドアの前で見張った。教区吏員と捕吏は足音をしのばせて2階の寝室へと上がり、ウォルターがベッドに入り、ジョアン――「身もちの悪い不道徳な女」――がウォルターのかたわらにいる現場を押さえた。この男女は逮捕されてカウンター（シェリフの監獄）へと送られた。こうしたことも、教区吏員が日常的にこなす仕事だ。

パイパウダー・コート（行商人裁判所）

商人が客を騙す方法はいくらでもあるため、イングランドにはこれを裁くための特別な裁判所「パイパウダー・コート」があり、市《いち》や市場で起きた犯罪に迅速に対処した。こうした裁判所は市場で起こる事件に対し全面的な権限をもち、商人同士のもめごとや盗み、暴力行為などなんでも扱う。どの町や村も、市や市場が開いている期間にはパイパウダー・コートを置き、事件があればその場で聞き取りが行われ、その当日、商人や客が家や故郷に帰る前に判決が下される。

ロンドンでは市長、シェリフ、2、3名の市参事会員が出席してパイパウダー・コートが開かれる。罰には、罰金や、さらし台にかけて違反者を貶めることなどがある。重大犯罪は上級裁判所の裁判官に委ねられる場合が多いが、ときにはパイパウダー・コートの管轄とされることもある。裁判には原告も被告も出廷し、証明の義務は原告側にあり、書類や目撃証言が証拠とされる。原告が自分の主張を述べると、被告はその訴えに対して自身の証拠で反論する権利がある。当時としては、この証明方法は他の裁判所と比べてとても先進的なものだ。裁判所が被告に有罪の判決を下し被告が罰金を支払うことができなければ、被告の所有物を差し押さえて評価額を出し、売却して罰金や裁判費用の支払いに充てる場合もある。市場に集まるのはその土地の住民ばかりではないため、迅速に判決を下す必要があることから置かれたのがパイパウダー・コートなのだ。ロンドンの場合はこの裁判所の記録はほとんど残っておらず、のちには、パイパウダーよりももっと時間をかけて審理する市長裁判所やシェリフ裁判所へともめごとがもち込まれている。

「パイパウダー（piepowder）」とは本来は、泥で汚れた旅人の足（フランス語で「pieds poudrés」）

を意味し、そうした旅人に関する訴えを扱う裁判所のことだ。また、裁判官たちはベンチに座ったままではなく市や市場を巡回しているので、彼らの足も同じく汚れているのだ。

驚くことに、個人の事業は利己的な活動だと考えられている。中世では基本的に、利益の出すぎは不道徳だとされる。職人や商人は分相応の利益で満足すべきであり、困窮している隣人たちからもうけを得るべきではないのである。「割当分担支出（scot and lot）」という規則さえある。つまりは本当に掘り出しものを手に入れた場合はだれであれ、それを他人と分け合うことを求めるものだ。買ったときの安い値のままで余剰分をほかの人々に売り、当人の手元には「妥当な量」のみを残すのだ。

犯罪者はどのように訴えられるのか？

中世のイングランドでは、法はときに、今日私たちが思うものとはまったく異なる作用をもつ場合がある。1249年には泥棒の一味がウィンチェスター、ソールズベリー、ギルドフォードを荒らしまわり、とくに高価な衣類や靴を盗む事件が頻発した。こうしたギャング団は暴力的な場合が多く、この地域の住民はその正体を知ってはいたが、報復を恐れて告発することはなかった。ギャング団のメンバー、ウォルター・ブロウバームにインタビューしてみよう。

こんにちは、ウォルター、あなたはたしか、泥棒の現場を押さえられて罪を認めたのよね。なにをしでかしたのか教えてくれるかな。

まぁいいだろう。俺たちが盗んだのは値の張るものばかりだ。立派な布に靴、宝石や銀杯もある。荒稼ぎしたさ。金のブローチをくすねて捕まるまではな。捕まったら絞首刑ってことはわかってたから、シェリフに共犯者告発人になるって言ったんだ。

共犯者告発人って？

はぁ？　なんにも知らないんだな？　悪さをしたやつら10人の名を裁判所に教えれば、俺の命は助けてもらうって寸法だ。そんなことしたくはないさ、みんな俺の仲間だ。だが大事なのは自分の命だ。

だから仲間のことを告げ口したってわけ？　それからどうなった？

俺はギルドフォードの仲間6人の名を教えた。みんなギャング団のメンバーで、みんな捕まって裁判にかけられて有罪だ。そいつらにはたいして悪いとは思わなかった。気に入らないやつらばかりだからさ。トムは別だけどな。トムには悪いと思ってる。だが、絞首刑になりたくなけりゃあと4人必要だ。だからハンプシャーのやつらを3人差し出した。そいつらはギャング団のメンバーじゃない。ただ俺の知り合いで、虫が好かないやつらだ。

そいつらは有罪にはならずに釈放されたんで、あと4人、ギャング団のメンバーを教えなきゃいけなかった。まあ、ギャング団の知り合いにゃ事欠かないし、そのなかに好きなやつなんていない。名前を教えた4人はたちが悪いやつらだった。これはほんとだ。シェリフがそいつらを捕まえようとしたが、3人は逃げた。だが、そいつらが裁判所に顔を出さないってことは、どっちみち有罪ってわけだ。捕まったのはハモ・ステア。俺の妹の連れ合いで、こいつばかりは心《しん》から嫌いだ。こいつは裁判にかけられたが、まあ、ことは簡単には済まなかった。裁判官がハモに神明裁判をもちかけたんだ。

神明裁判は教会から違法とされているのでは?

知るかよ、俺は裁判官じゃないんだから。とにかく、ハモは決闘で判定することを選んで、告発者の俺があいつの相手をすることになったんだ。俺たちは木の棍棒と盾で戦った。どちらも血まみれになるまでな。だが先に降参したのはハモだった。裁判官は、神は俺のほうに強い力をお与えになったんだから、ハモの件では俺の言ったことが正しいはずだと宣言した。ハモは絞首刑になった。清々《せいせい》したさ。そして俺はどうにか10人告発したんで命は助かった。だが地元からは永久追放さ。あれもこれも、ずいぶんと悪さしたことを認めたからな。

だからって真人間にはならなかったんでしょう、ウォルター?

ハモ（右）と戦うウォルター（左）。ハモは負けると絞首刑に処せられた。

ああ。銀器には目がなくてな。ロンドンに出てきて半年後に捕まっちまった。セント・メアリー・ルボウ教会から聖杯と燭台を盗んだんだ。

それで今度はもう二度目のチャンスはないってこと？

ああ。今回絞首台に行くのは俺だ。明日さ。俺のために祈ってくれるよな？[2]

神明裁判は、世に大きな影響を与えた1215年のラテラノ公会議で禁止されている。公会議では、聖職者は「処刑の宣告もその処罰の行使もしてはならない。また聖職者は重罪の審判となってはならないし、あるいはその審判の場に居合わせることもしてはならない」とされた。これはつまり、神明裁判とは神が裁定を下すものなのに、そこで神の意を得られないということだ。神の代理として聖職者が立ち会うことが必要だが、それはできないからだ。しかし明らかに、こうした裁判はその後30年以上にわたって続いた。

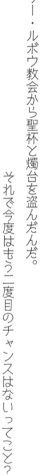

聖職者が判決の場に立ち会うことはできないし、一般の裁判所で聖職者を裁くこともできない。聖職者を裁くことができるのは教会裁判所だけであり、また聖職者が殺人を犯しても死刑の判決を下すことはできない。だから、あなたが聖職者や修道女であると証明できれば、殺人の罪を逃れられることになる。こういう手を使うのだ。ラテン語を読めるのは修業を積んだ聖職者だけだ。だからもし告発された者が聖書――すべてラテン語だ――を読むことができれば、その人物は聖職者であるはずだ。ラテン語を読めることの証明には聖書の句を声を出して読むよう求められるが、それは常に同じ、次の句だ。「神よ、わたしを憐れんでください御慈しみをもって。深い御憐れみをもって背きの罪をぬぐってください」（詩編51編3節）

ロンドンで逮捕された一般庶民が、裁判所から市の多数の牢獄のひとつに送り返される可能性は常にある。フリート、キングス・ベンチ、ラドゲートといった監獄やロンドン塔（大物の政治犯向け）、あるいはテムズ川対岸のサザークにあるクリンクやマーシャルシー監獄だ。どれもが恐ろしい場所で、収容されると裁判を受けて死刑執行されるまでもなく、なかの受刑者の暴力や病気で命を落とす可能性が高い。

おそらく逮捕された者にとって最悪な収監先がロンドンのニューゲート監獄だ。この監獄の囚人について最初の記述が出てくるのは1218年だ。1423年には、ロンドン市長も務めたディック・ウィッティントンが遺言書で、この悪名高き地獄のような場所の再建資金を残した。立派になった新しい監獄はふざけ半分に「ウィッティントン宮殿」と大層な名で呼ばれたが、まもなくはしょって「ウィット」となる。この監獄がどこもかしこも以前と同じ、地獄のようなひどい状況になったからだ。

　刑務所を管理運営するのは毎年選出される2名のシェリフで、そのシェリフが民間の獄吏（看守）にかなりの金を払ってニューゲートの運営を任せる。看守は収監者から直接金を取りたててかなりのもうけを出し、そのためロンドンでは稼ぎの多い職のひとつだ。なかには、収監から囚人の鎖を付けたり外したりすることまで、ありとあらゆる機会に囚人から金を取る冷酷非道な看守もいる。14世紀のエドムンド・ロリマーはそのなかでも最悪と言える看守だ。ロリマーは受刑者の手枷《てかせ》や足枷《あしかせ》を外すのに、法で定められている上限の4倍もの金額を課した。またあくどいヒュー・ド・クロイドンは、結局、自分が監督する監獄の受刑者に対する恐喝で有罪となった。

> この「首の詞（罪の悔い改め）」（詩編51編）をラテン語で暗誦しよう。犯罪者であっても、これを暗記して命拾いをした者は多数いる。ラテン語などまったく読めはしなくとも、だ。これさえ覚えておけば、問題が生じても助かるだろう。

保釈

投獄されているあいだは、その個人の財産は保護されない。裁判で無実だと判明して釈放されると、自分の財産が没収されていたり、家を他人に貸し出されていたりするのだ。これはみなまったく合法なことであるため、国王リチャード3世が１４８４年1月の議会でこの問題を取り上げた。そして、死罪に相当しない犯罪で告発された者は保釈される権利を有すると定めたため、本人不在のあいだにその財産を奪うことはできなくなる。リチャード3世は国民すべての敬愛を受ける君主というわけではないが、その2年という短い統治期におけるたった一度の議会（１４８４年1月23日に招集された）では多数の法律が通過した。それが、法と秩序に対するリチャード3世の進歩的、自由主義的な姿勢の表れであることは間違いない。

　隣人のすばらしい土地を手に入れたくてしょうがない領主たちが講じる策略がある。それは、その隣人を捏造した罪で逮捕、投獄させて、隣人不在のあいだに、手に入れたい土地が自分のものになるよう境界の塀を移動させるというものだ。そうすれば、隣人が無実だとわかって釈放されたところで、土地が本当は自分のものだと証明するには高い裁判費用がかかる。それも腕の立つ弁護士を雇うことができればの話だ。そうでなければ、彼らが言うには、現実の占有は9分の勝ち目（法的には所有権がなくとも、現に占有している者がほかより強い権利をもつという意味）であり、自分の望むものが手に入るというわけだ。しかし保釈される権利を定めたことで、容疑者は裁判前の投獄を免れることになったのである。

「保釈」という概念は何百年も前からあったが、リチャード3世の議会は、領主にも労働者にも同じく適用されるものとして次のような法律を作った。

日々、さまざまな人々が重罪の容疑で逮捕され投獄されている。時には怨恨から、時にはあいまいな容疑であるため、保釈なしで投獄されていると〔……〕ひどく無念な事態や問題が生じることになり〔……〕このため重罪容疑で逮捕されたいかなる者に対しても、法に従って有罪とされるか重罪とされるまでは、シェリフやベイリフ、その他いかなる者も、その容疑者の所有物を確保すべからざることをここに定める。この法を犯した者には、容疑者の所有物の価値の2倍の罰金を科する。[3]

御料林法

21世紀の私たちにとって、森林（forest）とは木々がたくさん生えているところだ。しかし中世イングランドの「forest」とは、王室の狩猟のために保護されている「御料林」を意味する。御料林には村や小教区、森や湿地、ヒースランドがまるごと含まれる場合もある（第1章参照）。征服王ウィリアムは狩猟に熱を上げ、このため1079年に、ハンプシャーに狩り場であるニュー・フォレスト（the New Forest）を作った。そして「シカ肉と緑」、つまりは狩猟に必要な狩る動物と緑樹を守ることに特化した御料林法を定めた。

同じ中世イングランドであっても、到着した時代や土地によっては、こうした厳しい法律が王の御料林官（緑樹の世話をする役人）によって運用されていることもあるだろう。一般庶民は御料林で狩りをすることは許されていない。煮込み料理にするウサギやハトでさえもだ。それに飼い犬は、王の獲物を追いかけることができないように、前脚の一部を切断したり爪を抜いたりするよう求められている。さらには次の4つの状況においては、御料林官があなたを合法的に逮捕できさえする。だからよく読んで理解しておくことだ。

1　長弓やクロスボウを射る体勢をとり、またはひもにつないだ犬を連れ、その犬を放そうとしているところを目撃された場合。

2　傷ついたシカや野生のイノシシがそばにいたり、犬に匂いを追わせて動物を捕らえたりしているところを目撃された場合。

3　殺した動物を背負ってもち去っている場合。

4　御料林のなかで手が血まみれになっているところを目撃された場合。

この4つのどれかを目撃されれば、申し立てられた罪の深刻さ次第では逮捕、投獄されて、裁判所の複雑な制度に従って裁判を待つことになる可能性もある。地区審問は40日に1回開かれ、御料林官や御料林長官によって行われる。ここで行うのは聴聞で、審理や有罪判決を行う権限はない。事件が深刻な場合は、さらに上級の特別審問にかけられる。ここでは違反者を自由民の陪審員が審理し、この審問は年に3回開かれる。しつこい侵害やより大きな違反を犯した者は最高位の森林巡回裁判所で裁かれる。これは3年に一度開かれるか、それ以上に間隔が空く場合もある。この裁判にかけられるということはつまり、保釈制度がない1484年以前であれば、裁判を待って長期にわたって投獄されるという意味だ。保釈されなければ、裁判官の前に立つまで命がもつかどうかはわからない。禁止事項はしっかりと覚えておいてほしい。

法律の特異性

最近、私のある著書の読者から連絡をもらった。中世に関する私の書に殺人を犯した人物が登場するが、そうした罪で絞首刑や内臓えぐり、四つ裂きといった刑に処されることはなかったのではないか、こうした恐ろしい罰は反逆罪にのみ科されるものだったから――こう指摘するものだ。この読者はある点までは正しい。しかし中世における反逆の定義は今よりもっと広かったのだ。

中世イングランドの反逆とは国王や国家に対して犯す罪だけではなく、法律や、神の創造物である「自然」の秩序に対するいかなる深刻な反乱や抵抗も含まれる。コインの偽造は国家の金融制度を乱す。だからこれも反逆に数えられる。「軽」反逆罪であっても、その罰は本来の意味の反逆罪のものと同じで、そうした不法行為には、妻による夫殺し（逆の場合はそうではない）や従者による主人殺し、部下や平信徒による聖職者殺し、それに私の小説にあるように、年季明け職人や徒弟による親方殺しなどがある。また、だれかが反逆を企んでいると知っているのに、その凶悪な計画を役人に知らせないこともそうだ。軽反逆で有罪になった者はみな、すでに述べたように厳罰に処せられる可能性もあれば、情状酌量の余地があれば、いくらか軽い罰で済む場合もある。女性が軽反逆罪（おそらくは暴力的な夫を殺したことによるもの）で有罪になったら火あぶりの刑を宣告されるだろうが、通常は絞首刑に変更される。こちらのほうが死ぬときの苦しみが小さいと考えられているからだ。

しかし、こうした有罪判決を受けた女性が妊娠していると主張する場合があり――外見でそれとわからない場合は助産師が連れてこられて本当かどうかを調べる――その女性が言うように本当に妊娠していれば、刑の宣告は出産後に延期になる。無実の赤ん坊が母親の犯罪で苦しむことはないわけだ。刑の執行は避けられないもののかなり多くの女性がこれを口実に先延ばしにし、また妊娠を目論んで獄吏を口説こうとする女性がいるのも事実だ。
1316年にはジュリアナ・ゲイトンが、使用人をそそのかして夫を殺させたかどで告発され逮捕された。ジュリアナは、最初はスタッフォードシャーのシェリフ、次にはウォリックシャーのシェリフに対し、その女性としての魅力を利用したようだ。彼女は妊娠していると主張し、ロンドンの王座裁判所に出廷することを5回も拒否した。1321年になってようやくジュリアナの裁判は行われ、軽反逆罪で有罪となり火刑を宣告された。とはいえこの刑も最終的には絞首刑に変更されている。

悪だくみが発覚した女性はほかにもいる。14世紀の9月のある日（何年かまでは不明）、エリザベス・テイラーとアリス・ロルフ（どちらもロンドンのシルク・ウーマン）はライバルであるエリザベス・ノリーズを襲った。ふたりはノリーズの顔をつかんで水の入った桶につっこみ命を奪った。この殺人を隠すため、ふたりはノリーズの遺体を焼いて遺骨をトイレに捨てた。11月になってこれが発見され、ふたりの悪事は発覚した。テイラーはやったことを白状して絞首刑の判決を受けたが、ロルフは妊娠中だと主張した。しかし、助産師の陪審員がロルフは嘘をついていると判断し、共犯者のテイラーと同じく絞首刑となった。[4]

情状酌量の訴えがうまくいかなくとも、教会の聖域に逃げ込むという手も残っている。ケント州の巡回裁判記録には、1314年に、窃盗（個人の財産を盗むこと）の罪で告発された妊婦が出産するまでのあいだ投獄されていたが、どうにかここを抜け出して近隣の教会の聖域に救いを求めたことが書かれている。獄吏はこの女性を教会から引きずり出して出廷させたが、これは違法な行為だった。裁判官たちは、この女性は40日間教会の聖域にとどまることを認められるべきであり、その後は「永久離国の誓い」をすべし（つまりは、イングランドからの追放）との判断を下した。そして獄吏は、女性が聖域にとどまる権利を侵したとして裁判にかけられた。

1490年7月にサセックスの検視官が記録した件はさらに珍奇だ。どんなことがあったのか、この検視官にインタビューしてみよう。

こんにちは、検視官殿、最近起こった珍しい件について教えてもらえますか？

君になにか関係があるとでも？

興味本位というか、野次馬根性です。

詮索好きだな。そうだな、まあいいか……。この件は労働者であるラルフ・ダービーの妻、マーガレットが、ペットワース市場に行く途中に起きたものだ。マーガレットは夫の灰色の雌馬に乗って先を急いでいた。ところがサットンの公道、ショップトン・レーンでヨーマンのジョン・ブラウニングの荷車が道をふさいでいたんだ。ブラウニングが荷車を移動させるのをじっと待って時間を無駄にしたくなかったマーガレットは、後先見ずにとにかく荷車の向こうに行こうと、高さが120センチほどもある荷を積んだ荷車を馬に乗り越えさせようとした。だが荷の山はあまりに急で、マーガレットは馬の背からずり落ちて、地面に首からたたきつけられてしまった。マーガレットは首に致命傷を負って即死だ。

不運な事故と思えますが。あなたがた検視官がおっしゃる「偶発事故」の類では?

なんにもわかっちゃいないな。これはまったくもって偶発事故ではない。雌馬にはマーガレットを殺害した罪があるんだよ!

けれど馬にはマーガレットを殺すつもりなんてなかったでしょう。口もきけない動物なのに、計画的に殺害したとして有罪になるものなんでしょうか? そんなの殺人の罪なんてことにはならないのでは?

だまれ、私の判断はもう決まったこと。ひっくり返ることはない、君は失礼で生意気だぞ。

そうですか、ではかわいそうな馬は裁判にかけられるのですか?

私の検死判定だけで十分だ。雌馬は贖罪奉納物となっている。

贖罪奉納物とはなんですか、検視官殿?

つまり、馬は国王に没収されるということだ。王がそれをお使いになればだが。しかしこの哀れな動物は5シリングの値打ちもない。だから王がお望みになるとは思えない。というわけで当分は、ラルフ・ダービーのところにいる。ダービーがエサをやり世話をして、王がお使いになるまでずっと置いておくんだ。

少なくともこのかわいそうな馬を絞首刑にはしないということですね。今日はありがとうございました、検視官殿。[6]

この手引き書は中世イングランドに関するものではあるが、中世にいるあいだに海外に旅したいと思うこともあるだろう。このため、フランスには、罪と罰について少々変わった考え方があることも知っておいたほうがよい。ここで紹介するような事件は21世紀の常識からするととてもまともには受け取れないが、当時は大きな関心を呼んだのだ。フランス人はイングランド人よりも動物を起訴するのに熱を入れているようだ。ブタはとくに辛い思いをしているが、それより小さな動物が大目に見てもらっているかというとそうでもない。3つの事例を紹介しておこう。

1386年にノルマンディのファレーズで、1匹のブタが幼児殺しの罪で告発された。この雌ブタは裁判にかけられて有罪判決を受け、村の絞首刑執行人によって絞首台に吊るされた。このブタの6匹の子ブタたちも殺人という犯罪に付随するものとして告発されたが、「まだ幼い

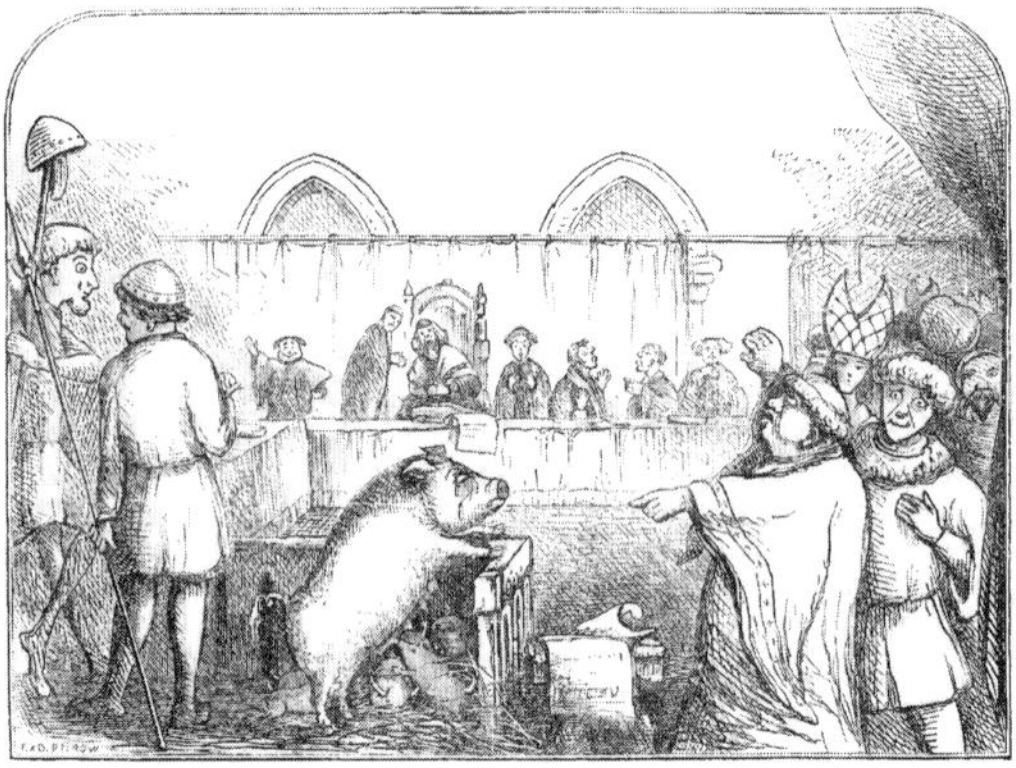

殺人の罪で裁判を受けるブタ

ことと、母親の絞首刑に免じて」無罪放免とされた。

フランス東部、ヴァランスの司教は頭がおかしくなっていたに違いない。彼はイモムシ数匹に対して訴えを起こした。イモムシは司教の作物を勝手に食い荒らしたかどで告発され、出廷を命じられた。この悪者のイモムシたちがそれに応じて無実の主張をすることはなかったため、イモムシたちには弁護士がつけられた。しかしこの弁護士はイモムシたちをうまく弁護することができず、裁判所はイモムシたちを有罪とし、罰としてこの教区からの追放を科した。イモムシたちがこれに応じたことは間違いない。最終的にはなんの罪もない蝶になって、そのばかげた土地から飛び立っていったのだから。

最後はフランス中部、ブルゴーニュ地方にあるオータンのネズミの話だ。ネズミたちには、自分たちを守ってくれる有能な弁護士がいた。ネズミは地元の大麦栽培者たちから、大麦を盗んだかどで告発された。弁護士のシャッセネは、この件は、教区内のすべてのネズミが裁判に召喚された場合のみ審理が可能だと主張した。罪を犯した――本当にそうであれば、だが――ネズミと無実のネズミたちとを区別するためだ。そこですべてのネズミに正式に出廷が命じられた。通常は、出廷しない場合は有罪だと認めたものとみなされる。しかしネズミが出廷しないと、賢いシャッセネは、重罪犯にはすべからく裁判所への行き帰りに護送される権利があるべきだと言い出した。このネズミたちの場合は、出廷する途中に地元のネコに食べられる危険を排除できないため、怖くて出廷できないというのだ。このためネズミたちは欠席のまま無罪となった。この件で名を揚げたシャッセネは、2本脚も4本脚も羽をもつものも、地元の重罪犯がみな弁護を依頼する弁護士となったのだった。

さいごに

中世イングランドでの生活指南もこれで終わりだ。急を要する質問の多くに答えることができ、中世にタイムトラベルしているあいだ、その地元に溶け込むために必要な基本情報を提供できていれば幸いだ。

中世で健康に過ごせるかどうかはあなた次第で、それは第三世界へ出かける前に必要な予防接種をすべて済ませておくこと、また健康診断と歯科検診をきちんと受けておくことが前提だということは口を酸っぱくして言っておきたい。

中世への旅は、その風景はなんとなくなじみがあるものかもしれないが、未知の地域の探検や発見と同じようなものだと考えよう。電子機器は現代に置いていこう。もって行っても充電できないし、wi-fiも衛星通信もないので使い物にはならない。

少なくとも最初は言葉の違いにとまどうことにくわえ、汚れはするし快適とは言えない、重労働を要する社会であることを覚悟しておこう。現代とのこうした違いにはすぐに適応し、チョーサーの時代の中英語の発音や意味にも慣れるだろう。なにより、歴史を実際にその目で見ようとしているのだ。それはこれまでだれもしたことのない経験だ。

現代に戻ったら、この本の書き換えも可能だ。中世で身に付けたことを助言として書きくわえ、また私が書いたことに誤りがあればすべて修正し、不要だと思う情報は省くのだ。私が中世に行ったことがないのは間違いない事実だ。だからこれはアームチェア・トラベラーが書いたガイドでしかない。たとえそうであれ、この書が中世旅行の一助となることを願う。

タイムトラベルの冒険で幸運に恵まれ、それがいつであれ、あなたの時代に無事に戻ってくることができますように。いってらっしゃい！

追記——非常時に備えて、ラテン語で「首の詞（罪の悔い改め）」を暗記しておくように。

原注

第1章　まずはじめに

1　おそらくこの時代には、あなたのご先祖様が何百人もいることだろう。そのだれもが、少なくとも子がひとり生まれるくらいは長生きし、その子も、その孫もまた同じくらいは生きただろう。ジョン王がマグナ・カルタに調印した1215年にタイムトラベルすれば、理論上は、あなたが出会う5人に4人はあなたのご先祖である計算だ。実際にはそうならないのは、人口がとても少ないことが大きな理由だ。そのせいで、結婚相手は血縁関係にあるいとこやはとこなどにならざるをえない世代が多く、そのために結婚のたびに子孫の総数が単純に増えるわけではないのだ。

第2章　社会構造と住宅事情

1　H. S. Bennett, *Life on an English Manor*, (Cambridge University Press, 1937, pp61-62).

2　Margaret Wade Labarge, *Life in a Baronial Household of the Thirteenth Century*, (Phoenix Paperback, 2003) 掲載の史実をもとにした架空のインタビュー。

3　L. Boatwright, M. Habberjam & P. Hammond [eds], *The Logge Register of Prerogative Court of Canterbury Wills, 1479-86*, (Richard III Society, 2008)に掲載のエレン・ラングウィズの遺言書。著者によるfols.9-11v

の翻訳。

第3章　信仰と宗教についての考え方

1　P.J.P. Goldberg, *Women in England, c.1275-1525*, (Manchester University Press, 1995, p262, No. 5).

2　Maggie Black, *The Medieval Cookbook*, (British Museum Press, 1992, pp63-64) から引用。

3　P.J.P. Goldberg, *Women in England, c.1275-1525*, (Manchester University Press, 1995, p271, [b]).

4　'Three Fifteenth-Century Vowesses' by Mary C. Erler in *Medieval London Widows, 1300-1500*, Caroline M. Barron & Anne F. Sutton 編集(The Hambledon Press, 1994, pp171-75)掲載の史実をもとにした架空のインタビュー。

第4章　衣服と外見

1　The National Archives [TNA] MS E101 for details of Sumptuary Laws 参照。

2　Statute of Apparel, 1463.

3　Ruth Goodman, *How to be a Tudor*, (Penguin, 2015, pp23-24).

4　University of Innsbruck http://www.uibk.ac/urgeschichte/projekte_ forschung/textilien-lengberg/medieval-lingerie-from-lengbergcastle-east-tyrol.html

第5章　食べ物と買い物

1　Blaunderellは白リンゴで、消化によいと書かれている。Chibolは小さなタイプのタマネギで、ワケギやスプリングオニオンと似ている。ヤツメウナギはウナギのような見た目の小型の魚。ヘンリー1

世は「ヤツメウナギの食べ過ぎ」——食中毒と言ったほうがよい——で命を落としたと言われている。

2 Maggie Black, *The Medieval Cookbook* (British Museum Press, 1992, pp5-47) から引用。

3 Lorna J. Sass, *To the King's Taste* (Metropolitan Museum of Art, New York, 1975, pp11-20) に掲載の史実をもとにした架空のインタビュー。

4 *Calendar of Plea & Memoranda Rolls of the City of London* (Cambridge University Press, 1929, p66).

5 *Calendar of Plea & Memoranda Rolls of the City of London* (Cambridge University Press, 1929, p180).

6 Molly Harrison, *People and Shopping* (Ernest Benn Ltd, 1975, p24).

第6章 健康と医療

1 14世紀の写本の一部 *Reliquiae Antiquae,* (Thomas Wright [ed] 1841)より。

2 P.W. Hammond & Anne F. Sutton, *Richard III – The Road to Bosworth Field* (Constable & Co., 1985, p23).

3 J. K. Mustain, 'John Crophill – A Rural Medical Practitioner in Fifteenth-Century England' in *Bulletin of the History of Medicine* 46 (1972, pp473-74) 掲載の史実をもとにした架空のインタビュー。

4 C. H. Talbot & E. A. Hammond, *The Medical Practitioners of Medieval England – A Biographical Register* (Wellcome Historical Medical Library, London, 1965, p241).

5 リチャード・エスティとウィリアム・ホビーズに関しては、トニ・マウント著、*Medieval Medicine – Its Mysteries & Science* (Amberley, 2015, pp43-44, 66-69, 164-65, 103, 181 & 197) でも解説している。リチャード・エスティの医学の手引き書（１４５４年）は著者が研究修士号を取得する際の論文のテーマだった（未刊だが、the Wellcome Library for the History of Medicine, London, 2009で閲覧可能)。

第7章　仕事と娯楽

1　Caroline M. Barron, 'Johanna Hill and Johanna Sturdy, Bell- Founders' in [Caroline M. Barron & Anne F. Sutton [eds], *Medieval London Widows, 1300-1500* (The Hambledon Press, 1994, pp99-111).

2　トニ・マウント著、*Medieval Housewives and Women of the Middle-Ages* (Echoes from History, 2007, p31).

3　The Catalogue for the V & A's *English Medieval Embroidery, Opus Anglicanum* exhibition, (London, 2016-17, p43); Caroline M. Barron, *London in the Later Middle Ages,* (Oxford UP, 2004, pp324-27); Sylvia L. Thrupp, *The Merchant Class of Medieval London,* (Ann Arbor, 1962, p327); John O'Connell, *The Book of Spice,* (Profile Books, 2015, pp230-33) はじめ、様々な資料による史実をもとにした架空のインタビュー。

4　Caroline M. Barron, 'Medieval Queens of Industry' in *BBC History Magazine,* (June 2014, p32).

第8章　家族のこと

1　'How The Wise Man Taught His Son', stanza 12 in John Russell's *Babees Boke of Nurture* (British Library, Harley MS.2399 およびその他5種の写本) を著者が現代語訳したもの。

2　P. J. P. Goldberg, *Women in England, c.1275-1525,* (Manchester UP, 1995, p118 [d]).

3　B. A. Hanawalt, *Growing Up in Medieval London: The Experience of Childhood in History,* (Oxford UP, 1993, pp217-22).

4　Marie Barnfield, 'Diriment Impediments, Dispensations and Divorce: Richard III and Matrimony', a paper in *The Ricardian,* (The Richard III Society, 2007, pp84-98) 掲載の史実をもとにした架空のインタビュー。

5　P. J. P. Goldberg, *Women in England, c.1275-1525,* (Manchester UP, 1995, pp219-21, No. 17).

6　Shannon McSheffrey, *Marriage, Sex and Civic Culture in Late Medieval London,* (Pennsylvania UP, 2006, pp166-67).

7　R. Virgoe, *The Illustrated Letters of the Paston Family,* (Macmillan, 1989, p183).

8　H. S. Bennett, *The Pastons and their England,* (Cambridge UP, 1990, pp45-46).

9　この絵は１４９０年頃に製作のもので、ポーランドのクラクフにある国立美術館所蔵。

第9章　戦争

1　トニ・マウント著、*Warrior Kings of England,* (MadeGlobal Medieval Courses Online,2017, Module 10) 掲載の史実をもとにした架空のインタビュー。

2　トニ・マウント著、*Warrior Kings of England,* (MadeGlobal Medieval Courses Online, 2017, Module 22).

3　トニ・マウント著、*Warrior Kings of England,* (MadeGlobal Medieval Courses Online, 2017, Module 17).

4　Anne F. Sutton & Livia Visser- Fuchs, *Richard III's Books* (Alan Sutton Publishing, 1997, pp77-80) より著者による意訳。

5　Asloan Manuscript, MS.16500, f.247 https://digital.nls.uk/scotlandspages/timeline/1460.html

6　H. Miller, *Secrets of the Dead* (Macmillan, 2000, pp33-34).

7　'The Medieval Paupers' by L. H. Nelson, *Lectures Medieval History* http://www.vlib.us/medieval/lectures/paupers.html　掲載の史実をもとにした架空のインタビュー。

第10章　法と秩序

1　A. H. Thomas [ed.], *Calendar of Plea and Memoranda Rolls of the City of London, 1364-81* (Cambridge UP,

1929, p210).

2 The National Archives [TNA], Hampshire Plea Roll, KB 26/223 (date: 1249) 掲載の史実をもとにした架空のインタビュー。

3 C. Given-Wilson et al., [eds.] *The Parliament Rolls of Medieval England,* https://www.british-history.ac.uk/no-series/parliamentrolls-medieval

4 B. Holsinger, 'Sin City: thievery, prostitution and murder in medieval London' in *BBC History Magazine*, (February 2014).

5 P. J. P. Goldberg, *Women in England c.1275-1525*, (Manchester UP, 1995, pp238-39, No.33).

6 P. J. P. Goldberg, *Women in England c.1275-1525*, (Manchester UP, 1995, p171, No.4).

図版リスト

1 British Library, The Luttrell Psalter, 14th century, Add. MS 42130, f.171r, Public Domain
2 with kind permission of Peter Crossman of Crossman Crafts, pic GRM
3 Li Livres dou Santé (13th century), MS Sloane 2435, f.85, British Library/Bridgeman Art Library, Public Domain
4 Peter O'Connor, aka anemoneprojectors, Wikipedia Creative Commons
5 Andrew Fogg, Wikipedia Creative Commons
6 Weald & Downland Museum, Sussex, pic GRM
7 British Library, The De Lisle Psalter, 14th century, Arundel MS 83, f.127r, Public Domain
8 Ss Peter's and Paul's Church, Pickering, Yorks, Wikipedia Creative Commons
9 Bibliothèque de l'Arsenal, Paris Book of Regnault de Montauban 1300-20 (MS Arsenal 5073)
10 Institute of Archaeology, University of Innsbruck
11 Tacuinum Sanitatis, Northern Italy, 14th century, Österreichische Nationalbibliothek, Vienna, Codex Vindobonensis S.N. 2644, Wikipedia Creative Commons
12 Leeds Castle, Kent, pic GRM

13 Weald & Downland Museum, Sussex, pic GRM

14 British Library, The Luttrell Psalter, 14th century, Add. MS 42130, f.207v

15 Mondo senza fine le prime immagini 04 48227, Public Domain

16 pic GRM

17 British Library, Add MS 89066 1, f.61v

18 British Library, Add MS 47682, f.31

19 British Library, Royal MS 10 E IV, f.58

20 British Library, Landsdown MS 451, f.230

21 British Library, Royal MS 10 E IV, f. 29v

22 British Library, English Book of Hours, 13th century, Harley MS 928, f. 44v

23 British Library, The Luttrell Psalter, 14th century, Add MS 42130, f.147v

24 pic Pat Patrick c Owl & Trig Pillar (Blandford)

25 Malinn Hulst, Granada Television

26 Trial by combat from an assize roll from the reign of Henry III (1216-1272), Library of Congress blog https://blogs.loc.gov/law/2018/09/judicial-combat-barbarous-relic-or-timeless-litigation-strategy/

27 'Trial of a sow and pigs at Lavegny, 1457', The Book of Days: a miscellany of popular antiquities by Robert Chambers 1869, Wikipedia Creative Commons

推奨図書

Black, M., *The Medieval Cookbook*, (British Museum Press, 1992).

Goodman, R., *How to be a Tudor*, (Penguin, 2015).

Hardy, R., Longbow – *A Social and Military History*, (Sutton Publishing, 2006).

Hartnell, J., *Medieval Bodies*, (Wellcome Collection, 2019).

Jones, D., *The Plantagenets*, (William Collins, 2012).

Jones, T., *Medieval Lives*, (BBC Books, 2004).（『中世英国人の仕事と生活』テリー・ジョーンズ、アラン・エレイラ著、高尾菜つこ訳、原書房、２０１７年）

Mount, T., *Everyday Life in Medieval London*, (Amberley, 2014).

Mount, T., *Medieval Housewives & Other Women of the Middle Ages*, (Amberley, 2014).

Mount, T., *Medieval Medicine – Its Mysteries and Science*, (Amberley, 2016).

Oledzka, E., *Medieval & Renaissance Interiors*, (British Library, 2016).

Picard, L., *Chaucer's People*, (Weidenfeld & Nicolson, 2017).

Sass, L.J., *To the King's Taste*, (Metropolitan Museum of Art, N.Y., 1975).

【著者】トニ・マウント（Toni Mount）

歴史家、作家。イギリス、オープン大学で文学士、ケント大学で中世医学の研究修士を取得。大学における研究や、個人による調査・研究は 30 年におよび、これをもとに、中世におけるごく普通の人々の生活を紹介している。“Everyday Life in Medieval London”(2014)、“A Year in the Life of Medieval England”(2016) など著書多数。

【訳者】龍 和子（りゅう・かずこ）

北九州市立大学外国語学部卒業。訳書に、ライマン・フランク・ボーム『ヴィジュアル注釈版　オズの魔法使い』、ロッド・グリーン『フォト・ストーリー　エリザベス二世』、マシュー・トッド『ヴィジュアル版　LGBTQ 運動の歴史』などがある。

HOW TO SURVIVE
IN MEDIEVAL ENGLAND
by Toni Mount

中世《ちゅうせい》イングランドの日常生活《にちじょうせいかつ》

生活必需品《せいかつひつじゅひん》から食事《しょくじ》、医療《いりょう》、仕事《しごと》、治安《ちあん》まで

●

2022年10月24日　第1刷
2023年8月30日　第2刷

著者…………トニ・マウント

訳者…………龍《りゅう》 和子《かずこ》

装幀…………伊藤滋章

発行者…………成瀬雅人
発行所…………株式会社原書房

〒160-0022 東京都新宿区新宿 1-25-13
電話・代表 03（3354）0685
http://www.harashobo.co.jp
振替・00150-6-151594

印刷…………新灯印刷株式会社
製本…………東京美術紙工協業組合

ISBN978-4-562-07221-7, Printed in Japan